Estnische Küche
Die besten Rezepte – traditionell und modern

stv

Umschlaggestaltung: Werbeagentur Rypka, 8143 Dobl/Graz, www.rypka.at
Titelbild: Tuuli Mathisen
Bildnachweis: Tuuli Mathisen

Originalausgabe in Estland veröffentlicht unter dem Titel: Estonian Cuisine.
Traditional and modern recipes.
ISBN 978-9985-3-4178-0, Kirjastus Varrak, Tallinn

Aus dem Englischen übertragen von Nina Tamara Schön.

Bibliografische Information der Deutschen Nationalbibliothek
Die Deutsche Nationalbibliothek verzeichnet diese Publikation in der Deutschen Nationalbibliografie; detaillierte bibliografische Daten sind im Internet über http://dnb.d-nb.de abrufbar.

Hinweis: Dieses Buch wurde auf chlorfrei gebleichtem Papier gedruckt. Die zum Schutz vor Verschmutzung verwendete Einschweißfolie ist aus Polyethylen chlor- und schwefelfrei hergestellt. Diese umweltfreundliche Folie verhält sich grundwasserneutral, ist voll recyclingfähig und verbrennt in Müllverbrennungsanlagen völlig ungiftig.

Auf Wunsch senden wir Ihnen gerne kostenlos unser Verlagsverzeichnis zu:
Leopold Stocker Verlag GmbH
Hofgasse 5/Postfach 438
A-8011 Graz
Tel.: +43 (0)316/82 16 36
Fax: +43 (0)316/83 56 12
E-Mail: stocker-verlag@stocker-verlag.com
www.stocker-verlag.com

ISBN 978-3-7020-1779-8

Layout und Repro: Werbeagentur Rypka, 8143 Dobl/Graz, www.rypka.at
Druck und Bindung: Livonia Print Ltd., Lettland

ESTNISCHE KÜCHE

Die besten Rezepte – traditionell und modern

Leopold Stocker Verlag
Graz – Stuttgart

INHALTSVERZEICHNIS

11 Vorwort
16 Kama-Mehlmischung
19 Gewürzsprotten

HORSD'ŒUVRES

22 Farbenfrohe Sprottensandwiches
25 Roggenbrotsnacks mit Blutwurst und Rhabarberchutney
26 Pikantes Windgebäck mit dem gewissen Etwas
29 Hühnerkaumagen-Frischkäse-Bällchen
30 Eierfrikadellen
33 Rustikales Sushi
34 Hühnerleberpastete mit Pfifferlingen an Natronbrot
37 Pastete aus dem Backofen mit Brotcrackern und Meerrettichdip

VORSPEISEN

40 Sprotten im Speckmantel
43 Kartoffeln gefüllt mit Wachtelei und Sprottenfilets
44 Buchweizen-Kürbis-Laibchen
47 Kürbisroulade mit Räucherschinken und Pfifferlingen
48 Würziger Sprottensalat
51 Gemüsesalat mit Rhabarbersauce
52 Sauerkrautsuppe mit Hanfsamen
55 Blätterteigschiffchen mit Blutwurst und Zucchini

FISCHGERICHTE

58 Roggenbrotsuppe mit geräuchertem baltischen Hering
61 Forelle mit Erbsen-Minz-Püree an herbstlicher Sauce
64 Hechtwürstchen mit Kartoffelpüree, Gurkensalat und Parmesan-Butter-Sauce
69 Baltischer Hering in Hafermehlpanade mit Gerstenrisotto und karamellisierten Zwiebeln
72 Baltische Heringsfilets mit Kartoffelchips in Haferpanade und Sauerkrautsirup
75 Geräucherter Barsch mit Kartoffeln und Rote-Bete-Gelee
78 Festtagsstrudel der Küstenbewohner
81 Marinierter baltischer Hering oder: das wohlgehütete Geheimnis von Saaremaa

FLEISCHGERICHTE

84 Gebackene Steckrüben
87 Lamm-Räucherhering-Laibchen
88 Fleischlaibchen mit Gemüsestampf
91 In Rotwein geschmortes Lamm mit Gersten-Kürbispüree
94 Geschmortes Kaninchen in Kürbissahnesauce
97 Gerstenrisotto mit Steinpilzen
98 Gebratener Schweinebauch mit Gerstenrisotto

DESSERTS

102 Marzipantorte mit Preiselbeeren
105 Apfel-Baiser-Torte
106 Roggencupcakes mit Kama-Rumlikör-Creme
109 Cheesecake mit Roggencrumble und Preiselbeeren
110 Roggenroulade mit Rosinengelee
113 Kama-Quark-Soufflés mit Erdbeersauce
114 Mousse au Kama mit Haselnussbaiser und marinierten Erdbeeren
117 Karamellisierte Sanddorn-Flammeri
118 Schneewittchen
121 Roggen-Kama-Plätzchen mit Zichoriencappuccino
122 Apfel-Quark-Kuchen
125 Heidelbeer-Quark-Küchlein

VORWORT

Sehr oft fragt man uns Esten nach unserem Nationalgericht, erhält jedoch leider nie eine klare Antwort. Am „estnischsten" ist wahrscheinlich ein Mehlgemisch aus verschiedenen Getreide- und Gemüsesorten: Kama. Gewürzsprotten mit Roggenbrot sind ein weiteres traditionsreiches und beliebtes Gericht.

Seit Jahrhunderten bauen die Esten ihre Lebensmittel selbst mit Hilfe ihrer landwirtschaftlich erfahrenen Hände an, sind ebenso fachkundig in der Viehwirtschaft und fühlen sich in den Wäldern zuhause, wo sie Beeren und Pilze sammeln. Das machen wir auch heute noch, bloß ist es nun mehr Zeitvertreib denn Notwendigkeit. Unser Klima ist gut geeignet für den Anbau von Kartoffeln, Steckrüben, Karotten, Zwiebeln, Knoblauch, Erbsen und einigen Getreidearten, Beeren und Pilzen. Unsere Ernte bringen wir einmal im Jahr ein.

Vor hundert Jahren waren unsere gebräuchlichen Praktiken der Haltbarmachung das Pökeln, Einlegen und Räuchern, die auch heute noch weitläufig genutzt werden.

Estnische Gerichte sind mit die vielfältigsten in ganz Europa. Im Laufe unserer langen Geschichte waren wir unter der Herrschaft vieler verschiedener Länder und das hat Spuren in der lokalen Küche hinterlassen. So ist zum Beispiel Sauerkraut eines der beliebtesten Kohlgerichte zur Weihnachtszeit. Oliviersalat oder russischer Kartoffelsalat sind beinahe ein Muss bei unseren Geburtstagsmenüs und man findet allabendlich schwedische Fleischbällchen auf den Abendbrottellern im ganzen Land. Obwohl Estland ein kleines Land ist, zeichnet sich seine Küche durch regionale Unterschiede aus.

Da Estland geographisch und auch kulturell am Scheideweg Europas liegt, sind wir immer offen für neue Geschmäcker und kulinarische Trends, die die vielen Gäste und Touristen aus den verschiedensten Ländern der Welt mitbringen. Nach der Grenzöffnung in den 1990er-Jahren wurden auch Lebensmittel anderer Nationalitäten zu Grundnahrungsmitteln. Zusätzlich zur nordischen Küche beinhaltet unser Speiseplan nun auch klassische Gerichte aus Italien und Frankreich und viele asiatische und amerikanische Einflüsse.

Ganz offensichtlich hat sich unsere Küche im Laufe der letzten einhundert Jahre radikal verändert, gemeinsam mit unseren Essgewohnheiten, unserer Zubereitungstechnik und dem Zugang zum Produkt. Die estnische Lebensmittelakademie (Toiduakadeemia) hatte die Idee, eine Bestandsaufnahme zu machen, um zu sehen, wie sich die estnische Esskultur entwickelt hat.

Wir haben den Wettbewerb „Estlands neues Nationalgericht" ins Leben gerufen, dessen Zweck es war, vergessene Gerichte wiederzubeleben und ihnen einen modernen Touch zu verleihen. Der Wettbewerb sollte ein neues Nationalgericht zum Resultat haben – als Geschenk zu Estlands Hundertjahrfeier 2018. Wir haben 2016 und 2017 Hunderte von Rezepten erhalten, vorwiegend von Food-Bloggern und ganz normalen Köchen und Köchinnen am heimischen Herd. Eine professionelle Jury wählte sorgfältig die 40 besten Rezepte aus. Im Laufe von acht Veranstaltungen wurden alle ausgewählten Rezepte unter den wachsamen Augen professioneller Ausbilder verkostet und geprüft – die finalen Versionen aller Rezepte finden Sie in diesem Kochbuch, das Sie gerade in Händen halten.

Das Team der Lebensmittelakademie

KAMA-MEHLMISCHUNG

In Estland finden Sie die Kama-Mehlmischung in jedem Geschäft, aber Sie können sie auch selbst zubereiten (das Rezept stammt aus dem Jahr 1931). Kama wird für gewöhnlich mit Buttercreme, Kefir oder Joghurt gemischt und weit verbreitet für nationaltypische Desserts verwendet.

200 g Weizenkörner
200 g Roggenkörner
100 g Gerstenkörner
300 g Haferkörner
100-200 g gelbe Erbsen
50-100 g Bohnen
Salz zum Würzen

Legen Sie das Getreide (vorzugsweise jede Getreideart separat) und die Hülsenfrüchte zum Quellen einen Tag vor der Verarbeitung in kaltes Wasser.
Kochen Sie es am nächsten Tag in Salzwasser (vorzugsweise separat), bis es weich ist, und vergessen Sie dabei nicht auf das Rühren.
Mit Hilfe eines Küchensiebs abtropfen und zum Trocknen in den Ofen legen.
Sobald dieser Vorgang erledigt ist, vermengen Sie das Getreide und die Hülsenfrüchte und mahlen Sie beides, bis es eine mehlähnliche Konsistenz erhält.

GEWÜRZ**SPROTTEN**

Die baltischen Sprotten spielen seit Jahrhunderten eine besondere Rolle im estnischen Küchenalltag. Es gibt Nachweise, dass der Brauch, die baltischen Sprotten in Tallinn einzusalzen, bis ins Mittelalter zurückgeht. Weißbrot mit baltischen Sprotten ist seit jeher ein schmackhafter und beliebter Snack, sowohl am Frühstückstisch als auch als wundervoll leichtes Häppchen bei Geburtstagspartys.
Im estnischen Einzelhandel finden Sie verschiedenste Varianten baltischer Gewürzsprotten in Dosen, doch die authentischsten baltischen Sprotten sind die, die in der Heimeligkeit Ihrer eigenen Küche hergestellt werden.

Mahlen Sie die Gewürze zu einem feinen Pulver. Wälzen Sie die Sprotten in dieser Mischung. Stapeln Sie die Fische in einer Schüssel oder einer Büchse (bestenfalls mit den Bäuchen nach oben). Legen Sie ein paar Lorbeerblätter zwischen die Sprotten und bestreuen Sie sie mit dem Rest der Gewürzmischung.
Beschweren und an einem kühlen Ort für mindestens 24 Stunden ziehen lassen.
An einem kühlen Ort in einem fest verschlossenen Behältnis aufbewahren.

500 g Sprotten
3 Lorbeerblätter

Gewürzmischung:
2 EL Meersalz
2 TL Kristallzucker
6-10 Pimentkörner
6 Gewürznelken
6 Wacholderbeeren
1 TL schwarze Pfefferkörner
1 TL Koriandersamen
0,25-0,5 TL gemahlener Ingwer
0,25-0,5 TL gemahlener Muskat
0,25-0,5 TL gemahlener Zimt

HORSD'ŒUVRES

FARBENFROHE **SPROTTENSANDWICHES**

Rezept von Ülle Niinemets
Profikoch: Aare Sild

Entspricht 6 Portionen

Etwas Butter in eine heiße Bratpfanne geben und die gehackte weiße Zwiebel hinzufügen, leicht rösten und die aufgetauten Erbsen, eine Prise Salz und Pfeffer beifügen. Etwa 10 Minuten erhitzen.
Die Erbsen in einen Mixer geben, die aufgewärmte Milch hinzugeben und mixen. Fügen Sie ein bisschen mehr Butter hinzu (als wäre es Kartoffelbrei). Bewahren Sie das Püree an einem kühlen Ort auf.
Schneiden Sie die rote Zwiebel in dünne runde Scheiben und mischen Sie den Zucker und den Zitronensaft unter. Lassen Sie die Marinade für etwa 10 Minuten stehen.
Schneiden Sie die rechteckigen Brotscheiben zum Servieren in der Mitte durch, bestreichen Sie sie mit Butter und verteilen Sie ein wenig kaltes Erbsenpüree mit Hilfe eines Löffels darauf.
Lassen Sie überschüssiges Öl von den Sprotten abtropfen, schneiden Sie sie der Länge nach in der Mitte durch und legen Sie zwei Teile auf das Sandwich. Mit roten Zwiebeln und Petersilie dekorieren.

Butter
1 kleine weiße Zwiebel
200 g Tiefkühlerbsen
Salz
Pfeffer
100 ml Halbfettmilch oder Kochsahne
1 kleine rote Zwiebel
1 Prise Zucker
Saft von 1 Zitrone
6 Scheiben rechteckiges Roggenbrot
160 g Sprottenfilets in Öl oder Gewürzsprotten aus der Dose
Petersilie zum Dekorieren

ROGGENBROTSNACKS MIT BLUTWURST UND RHABARBERCHUTNEY

Rezept von Ülle Niinemets
Profikoch: Külli Värnik

Entspricht 6 Portionen

Schneiden Sie den Rhabarber, den Sellerie und die Schalotten für das Chutney in Scheiben, rösten Sie Sellerie und Schalotten in der trockenen Pfanne, bis sie leicht mürbe sind, und fügen Sie für den Geschmack etwas Zucker hinzu. Geben Sie dann den geschnittenen Rhabarber sowie eine weitere Prise Zucker dazu und erhitzen Sie den Rhabarber, bis er weich ist, aber noch nicht zerfällt. Lassen Sie die Masse abkühlen.
Schneiden Sie die Brotscheiben in zwei Dreiecke (oder vier Stücke). Mit Öl beträufeln und in einer Bratpfanne oder im Ofen rösten, bis sie knusprig sind.
Kochen Sie die Blutwurst und schaben Sie die weiche Füllung der Wurst in eine Schüssel. Mit Frischkäse vermischen und mit Meerrettich und Salz abschmecken. Der Aufstrich muss vermengt werden, während die Blutwurst noch warm ist, da Sie so ein weicheres Ergebnis erzielen und sich die einzelnen Geschmackskomponenten besser miteinander verbinden.
Falls Sie den Aufstrich am Vortag vorbereiten möchten, empfiehlt es sich, ihn vor dem Servieren aufzuwärmen. Schneiden Sie die knusprige Haut der Wurst in kleine Stücke und legen Sie sie bei Bedarf in den Ofen, damit sie noch knuspriger wird.
Den Blutwurstaufstrich auf Brot servieren, Rhabarberchutney hinzufügen und das Ganze mit der knusprigen Blutwursthaut garnieren.

6 Scheiben rechteckiges Roggenbrot

Rhabarberchutney:
200 g Rhabarber (roh)
100 g Selleriestangen
100 g Schalotten
Kristallzucker zum Abschmecken

Blutwurstaufstrich:
300 g Blutwurst
100-150 g Frischkäse (Doppelrahmstufe)
1-2 TL Meerrettich
Salz

PIKANTES WINDGEBÄCK
MIT DEM GEWISSEN ETWAS

Rezept von Ülle Kärner
Profikoch: Aare Sild

Entspricht 10 Portionen

Das Eiweiß steif schlagen und die Brösel unterrühren. Mit einem Dressierbeutel die Masse in windgebäckartigen Plätzchen (5–7 cm) auf ein Backblech spritzen. Im Ofen auf der unteren Schiene bei 125 °C für 40–50 Minuten backen. Die Plätzchen auskühlen lassen.
Für die Füllung die Räucherheringe entgräten und waschen. Brechen Sie sie mit Ihren Fingern in sehr dünne Stückchen.
Schneiden Sie die Pflaumen in dünne Scheiben und übergießen Sie sie mit dem Likör.
Schlagen Sie Eidotter in einer Schüssel im Wasserbad, wie Sie es mit schmelzender Schokolade machen würden.
Rühren Sie den Frischkäse unter und vermengen Sie dann alle Zutaten: Eier, schwarzen Knoblauch, die Pflaumen samt Likör. So lange schlagen, bis eine geschmeidige, glatte Masse entsteht. Geben Sie schließlich den Räucherhering hinzu. Nach Belieben salzen.
Dem Windgebäck die Deckel abschneiden und es mit der vorbereiteten Masse füllen. Die Deckel wieder daraufsetzen und mit schwarzem Knoblauch, Frischkäse und getrockneten Kornblumen garnieren.

Windgebäck:

4 Eiweiß
10 g Brösel (Paniermehl, vorzugsweise Roggenbrot)

Füllung:

100 g entgräteter Räucherhering (vorzugsweise würziger, kaltgeräucherter Räucherhering)
45 g Dörrpflaumen
1 TL Rumlikör (vorzugsweise Vana Tallinn)
4 Eidotter
150 g Frischkäse (Doppelrahmstufe)
20 g schwarzer Knoblauch, fein gehackt
Salz zum Verfeinern
getrocknete Kornblumen zum Dekorieren

HÜHNERKAUMAGEN-FRISCHKÄSE-BÄLLCHEN

Rezept von Urve Tabri
Profikoch: Tuuli Mathisen

Entspricht 10 Portionen

Legen Sie die gereinigten Kaumägen in einen Topf mit kaltem Wasser. Bringen Sie das Wasser zum Kochen und schöpfen Sie den Schaum, der sich an der Oberfläche bildet, ab. Gießen Sie das Wasser ab, spülen Sie die Kaumägen in kaltem Wasser ab und legen Sie sie zurück in den Kochtopf, um sie erneut für 45–50 Minuten in frischem Wasser zu kochen, und geben Sie die Zwiebel, die Karotte, die Lorbeerblätter, die Pimentkörner und die Petersilienstängel dazu.
Mit Hilfe eines Küchensiebs abtropfen, die Kaumägen durch den Fleischwolf drehen und abkühlen lassen. Den Frischkäse, die gehackte Petersilie, Salz, Pfeffer und Meerrettich untermischen.
Formen Sie kleine Bällchen aus der Masse und wälzen Sie sie in der Mischung aus den verschiedenen Kernen. Im Kühlschrank fest werden lassen.

500 g Hühnerkaumägen
1 mittelgroße Zwiebel
1 kleine Karotte
2 kleine Lorbeerblätter
einige Pimentkörner
frisch gehackte Petersilie und Petersilienstängel zum Kochen der Kaumägen
150 g Schnittlauch-Frischkäse
Salz und Pfeffer
Meerrettich zum Verfeinern
ca. 60 g verschiedene Kerne (Sonnenblumen, Sesam, Leinsamen)

EIER-
FRIKADELLEN

Rezept von Kadi Pärtelpoeg
Profikoch: Aare Sild

Entspricht 4 Portionen

Die Eier hart kochen, abkühlen lassen, schälen und grob reiben.
Die Kräuter und Frühlingszwiebeln hacken, für den Knoblauch eine Knoblauchpresse verwenden. Crème fraîche, Mehl und Semmelbrösel mit den Eiern, Kräutern und Frühlingszwiebeln vermengen und rühren, bis eine Bindung entsteht. Mit Salz und Pfeffer abschmecken.
Befeuchten Sie leicht Ihre Hände und formen Sie mittelgroße Frikadellen aus der Masse. Sie können sie vor dem Braten nach Belieben in Mehl oder Semmelbröseln wälzen. Mit Öl in einer Bratpfanne goldbraun auf beiden Seiten braten.
Mit Rucola servieren.
Für das Dressing kaltgepresstes Öl, Honig und Zitronensaft in gleichen Mengen vermischen und mit Salz und Pfeffer abschmecken. Formen Sie kleine Salatnester und legen Sie die Eierfrikadellen hinein.

6 Eier
Dill und Petersilie
1 Bund Frühlingszwiebeln
2-3 Knoblauchzehen
1 EL Crème fraîche
1 EL Mehl
2 EL Semmelbrösel (Paniermehl)
Salz
schwarzer Pfeffer
Öl zum Braten
Rucola

Dressing:
kaltgepresstes Öl (z. B. Olivenöl extra vergine)
Honig
Zitronensaft

RUSTIKALES **SUSHI**

Rezept von Alla Metsmaa
Profikoch: Eneli Riim

Ergibt 68 Stück

200 g Gerstengraupen
800 ml Wasser zum Kochen
200 g ungekochte geriebene Kartoffeln
70 g Sahne (35 %)
80 g geriebener Käse (mild)
400 g heißgeräucherter Seehecht oder kaltgeräucherte Makrelen
50 g Butter
2 Stangensellerie
100 g Frühlingszwiebeln, die dicksten Stiele auswählen
Meerrettich zum Anrichten

Wenn möglich, die Gerste über Nacht in Wasser einweichen.
Die vorgeweichte Gerste kochen, bis sie fast weich, aber noch nicht ganz gar ist. Die geriebenen Kartoffeln und die Sahne unterrühren. Auf niedriger Flamme unter ständigem Rühren köcheln lassen, bis die Kartoffeln gar sind, das Getreide weich und das Wasser vollständig verkocht ist.
Von der Flamme nehmen, den geriebenen Käse hinzufügen und zum Auskühlen eine dünne Schicht dieser Masse auf ein Backblech streichen.
Den Seehecht entgräten, mit den Fingern in kleine Stücke reißen und mit Butter und dem fein geschnittenen Sellerie braten.
Bereiten Sie zwei Streifen Backpapier vor: Schneiden Sie ein backblechgroßes Stück in zwei Teile.
Schneiden Sie die Frühlingszwiebeln der Länge nach durch und rollen Sie sie leicht zwischen Ihren Fingern aus, damit sie sich nicht zurückrollen.
Legen Sie 5–6 Frühlingszwiebeln nebeneinander auf den Backpapierstreifen, verteilen Sie eine dünne Schicht der Gersten-Kartoffelmasse auf den Streifen und bedecken Sie sie dann mit einer dünnen Schicht der Fischfüllung.
Rollen Sie die Streifen so fest wie für Sushi. Legen Sie die Rollen dann zum Festwerden in den Kühlschrank. Schneiden Sie sie in 2–3 cm dicke Stücke und servieren Sie sie mit Meerrettich.

HÜHNERLEBERPASTETE MIT PFIFFERLINGEN AN NATRONBROT

Rezept von Relika Paane
Profikoch: Mari-Liis Ilover

Entspricht 6–8 Portionen

Pâté:
30 g getrocknete Pfifferlinge
1 große Zwiebel
2 Knoblauchzehen
250 g Butter (zimmerwarm)
5 Rosmarinzweige
Salz, Pfeffer
100 ml + 100 ml süßer Apfelwein (Põltsamaa Kuldne, falls verfügbar)
70 g Räucherspeck
400 g Hühnerleber
Preiselbeerkonfitüre

Die Pilze ca. 20 Minuten in heißem Wasser einweichen. Zwiebel und Knoblauch klein schneiden und mit 25 g Butter braten, bis sie glasig sind. Die eingeweichten und abgetropften Pilze zusammen mit dem von den Zweigen abgezupften Rosmarin dazugeben. Mit Salz und Pfeffer würzen. 100 ml Apfelwein hinzufügen und zum Kochen bringen. Für ein paar Minuten köcheln lassen, dann in eine Küchenmaschine geben.
Den Speck in Scheiben schneiden, 25 g Butter in die Bratpfanne von vorhin geben. Den Speck und die Hühnerleber dazugeben und für etwa 5 Minuten braten, bis die Leber braun geworden ist. Mit Salz und Pfeffer würzen.
100 ml Apfelwein hinzufügen, das Gemisch aufkochen und ein paar Minuten köcheln lassen.

Geben Sie alle Zutaten zum Mixen in die Küchenmaschine zu den anderen Zutaten (wenn nötig portionsweise). Die restliche Butter in kleineren Stücken hinzufügen und die Pâté fertigstellen. Die vorbereitete Mischung in eine Schüssel löffeln, mit Frischhaltefolie bedecken und vollständig auskühlen lassen. Servieren Sie die Pâté mit Natronbrot und Preiselbeerkonfitüre. Mit Preiselbeeren und Rosmarinzweiglein dekorieren.

Natronbrot:
260 g Roggenmehl
60 g Mehl
1 EL Speisenatron
1 TL Salz
500 ml Buttermilch
150 ml Zuckerrübensirup
60 g getrocknete Cranberrys
60 g ganze geröstete Haselnüsse
Butter für die Form

Vermengen Sie die Mehlsorten in einer großen Schüssel mit dem Speisenatron und dem Salz. Rühren Sie die Buttermilch und den Sirup gut unter.
Zuletzt die Cranberrys und Nüsse unterheben. Eine Kastenbrotform großzügig mit Butter einfetten. Das Brot für etwa 1 Stunde bei 180 °C backen. Etwa 15 Minuten auskühlen lassen, bevor Sie es aus der Form nehmen.

PASTETE AUS DEM BACKOFEN
MIT BROTCRACKERN UND MEERRETTICHDIP

Rezept von Jüri Randviir
Profikoch: Heidi Vihma

Ergibt ca. 1 kg

500 g Schweineleber
150 g Zwiebeln (2)
200 g Karotten (2)
60-70 g Pilze
70 g Instant-Haferbrei
100 ml Halbfettmilch
2 Eier
1 TL Salz

Brotcracker:
1 Laib ungeschnittenes Roggenbrot

Schnell eingelegte Gurken:
6 Einlegegurken
150 ml Wasser
1,5-2 TL weißer destillierter Essig (30 %)
1-1,5 TL Salz
1 TL Kristallzucker
1 TL scharfer Senf
gehackter Dill zum Verfeinern

Schälen und schneiden Sie die Einlegegurken, mischen Sie sie mit dem Wasser, dem Essig und den Gewürzen und lassen Sie sie für mindestens 1 Stunde, idealerweise für 2 oder 3 Stunden ziehen.

Meerrettichdip:
200 ml Sauerrahm (saure Sahne)
100 g geriebener Meerrettich
2 TL Kristallzucker
2 TL Senf
2 EL Zitronensaft
Salz
schwarzer Pfeffer

Die Leber und die Zwiebeln klein schneiden und die ungekochte Karotte in Scheiben schneiden. Alle Zutaten in einem Mixer vermengen. Die Pilze fein aufschneiden. Den Haferbrei in der Milch einweichen.
Die Eier und Pilze gemeinsam mit dem Haferbrei der pürierten Leber und dem Gemüsemus beimengen. Mit Salz abschmecken. Sie können beliebige Gewürze je nach Geschmack verwenden. Kräftig umrühren.
Füllen Sie die Masse in eine mit Öl ausgestrichene Kastenform (1,5 l) und backen Sie sie im Ofen auf mittlerer Schiene bei 180 °C für 30 Minuten.
Reichen Sie als Beilage zur Pâté Brotcracker, schnell eingelegte Gurkenscheiben und Meerrettichdip.

VORSPEISEN

SPROTTEN IM SPECKMANTEL

Rezept von Alla Metsmaa
Profikoch: Eneli Riim

Ergibt 12 „Päckchen"

1 Muffinblech
24 Speckstreifen (ca. 400-500 g)
200 g fettarmer Quark
200 g Schnittlauch-Frischkäse
100 g gewürzte Sprottenfilets
1 mittelgroße Zwiebel
3 Scheiben Roggenbrot

Den Ofen auf 200 °C (Heißluft) vorheizen. 12 Muffinförmchen in die Vertiefungen eines Muffinblechs legen und mit je 2 Speckstreifen auslegen. Den Speck so teilen, dass sich leicht ein „Päckchen" formen lässt, nachdem die Füllung hineingegeben wurde.

Vermengen Sie Quark, Frischkäse und dünn geschnittene Sprottenfilets, die Zwiebel und das in Würfel geschnittene Brot miteinander.

Würzen Sie nicht mit Salz oder Pfeffer, da die Zutaten selbst die Masse würzen.

Verteilen Sie die Füllung auf die mit Speck ausgelegten Muffinförmchen (etwa 1 EL pro „Päckchen") und bringen Sie die Enden des Specks zusammen, um ein Päckchen zu formen.

Bei 200 °C (Heißluft) 10–15 Minuten backen, bis der Speck leicht bräunlich und gar geworden ist. Sie müssen die Päckchen nicht länger im Ofen lassen, da Sie keine rohen Zutaten verarbeitet haben.

Nehmen Sie das Blech aus dem Ofen, lassen Sie es mindestens 20 Minuten lang auskühlen und nehmen Sie jedes Päckchen vorsichtig aus seiner Form. Kalt mit Kartoffeln (mit Schale gekocht und dann geschält) und Sauerrahm servieren.

stone washed
pure linen.

KARTOFFELN GEFÜLLT MIT **WACHTELEI UND SPROTTENFILETS**

Rezept von Urve Tabri
Profikoch: Tuuli Mathisen

Entspricht 4 Portionen

Kochen Sie die Kartoffeln samt Schale, bis sie weich sind. Zur selben Zeit braten Sie die Zwiebel bei mittlerer Hitze in Öl. Mit Salz und Pfeffer abschmecken.

Halbieren Sie die Kartoffeln, kratzen Sie das Innere heraus ohne die Schale zu beschädigen und schlagen Sie es so lange mit Butter, bis Sie ein luftiges Püree bekommen. Mit Salz, Pfeffer und ein wenig Senf würzen und die gebratene Zwiebel hinzufügen.

Füllen Sie das Püree wieder zurück in die Kartoffelschalen, bestreuen Sie es mit ein bisschen geriebenem Käse und schieben Sie die Kartoffeln für ca. 15 Minuten bei 200 °C in den Ofen, bis der Käse geschmolzen und goldbraun geworden ist. Zum Abkühlen aus dem Ofen nehmen.

In der Zwischenzeit braten Sie die Wachteleier und legen je eines auf jede Kartoffel. Fügen Sie 2 Sprottenfilets hinzu und würzen Sie das Ganze mit gehacktem Schnittlauch und frisch gemahlenem schwarzem Pfeffer.

2 große Kartoffeln
1 gehackte Zwiebel
Salz und Pfeffer
Öl zum Braten
2 EL Butter
Senf zum Verfeinern
50 g milder geriebener Käse
4 Wachteleier
8 gewürzte Sprottenfilets + übriggebliebene Flüssigkeit zum Verfeinern
gehackter Schnittlauch

BUCHWEIZEN-KÜRBIS-LAIBCHEN

Rezept von Ülle Kärner
Profikoch: Heidi Vihma

Entspricht 20 Portionen

400 g rohe geschälte Buchweizenkörner
500 ml Wasser
100 g Kürbiskerne
600 g Kürbis
300 g geriebener (über Erlenholz) geräucherter Käse
6 Eier
10 g Knoblauch
2 TL Salz
1 TL schwarzer Pfeffer
Butter zum Braten

Gewürfelter Kürbis mit Honig:

1 kg Sommerkürbis
4 EL Honig

Für Kürbis mit Honiggeschmack würfeln Sie den Kürbis, kochen ihn weich und fügen den Honig hinzu.

Rote-Bete-Salat:

1 kg ungekochte Rote Bete
2 Äpfel
Cranberrysirup
Kümmel (ganz)
1 Handvoll Cranberrys

Für den Rote-Bete-Salat die Rüben und die Äpfel fein reiben und mit etwas Cranberrysirup und Kümmel würzen. Streuen Sie ein paar Cranberrys über den Salat.

Zum Servieren:

100 g Kürbiskerne
kleine Rote-Bete-Blätter (vom Wochenmarkt)

Für die Buchweizenlaibchen rösten Sie den Buchweizen in einer Pfanne, bis er braun ist (ca. 5 Minuten). Wasser hinzufügen und dünsten, bis die Körner weich sind.
In einer zweiten Pfanne die Kürbiskerne rösten. Mit einer dickeren Reibe den Kürbis reiben. Die Kürbiskerne in einem Mörser zerkleinern, bis sie etwa die Größe von gemahlenem Pfeffer haben.
Alle Zutaten vermengen und mit Salz und schwarzem Pfeffer würzen. Die Buchweizenlaibchen in Butter braten, bis sie goldbraun sind. Dann die Pfanne mit einem Deckel zudecken und die Laibchen kurz fertigdünsten lassen.
Die Laibchen mit dem Salat und dem Honig-Kürbis servieren und mit Kürbiskernen und Rote-Bete-Blättern garnieren.

KÜRBISROULADE MIT RÄUCHERSCHINKEN UND PFIFFERLINGEN

Rezept von Alla Metsmaa
Profikoch: Tuuli Mathisen

Entspricht 10 Portionen

Für den Biskuit reiben Sie den Butternusskürbis und drücken die überschüssige Flüssigkeit aus. Die Flüssigkeit beiseitestellen. Den Kürbis mit Mayonnaise mischen und die Gewürze unterrühren. Die Eier trennen und die Eigelbe mit dem Butternusskürbis, dem Mehl und dem Backpulver verrühren. Zu guter Letzt das Eiweiß steif schlagen und vorsichtig unter die Kürbismasse heben.
Die Masse auf einem mit Backpapier ausgelegten Blech verteilen und mit Sesam bestreuen. 10–12 Minuten bei 200 °C (Heißluft) backen.
Für die Füllung die Butter zerlassen, die Zwiebel, die Pilze und den Schinken darin braten. Mit Mehl stauben und gut verrühren. Das Wasser und den Saft des Butternusskürbisses hinzugeben und glatt rühren. Nehmen Sie die Pfanne von der Flamme und rühren Sie den Schmelzkäse gemeinsam mit dem gehackten Dill und Salz unter.
Den Biskuit aus dem Ofen nehmen, auf eine zweite Lage Backpapier stürzen, das Backpapier vom Boden abziehen. Verteilen Sie die Füllung gleichmäßig auf dem ausgekühlten Biskuit und rollen Sie ihn ein. Im Kühlschrank fest werden lassen.
Sie können frischen Salat mit einem Dressing aus Sauerrahm (saure Sahne), Senf und Honig als Beilage servieren.

Kürbisbiskuit:
350 g geschälter und entkernter Kürbis (idealerweise Butternusskürbis)
150 g Mayonnaise
1 TL gemahlener Zimt
Cayennepfeffer für mehr Würze
5 Eier
150 g Mehl
1 TL Backpulver

Füllung:
100 g Butter
1 Zwiebel
200 g gefrorene oder 100-120 g frische Pfifferlinge
200 g gehackter Räucherschinken
3 EL Mehl
400 ml Wasser + überschüssige Flüssigkeit des Butternusskürbisses
200 g Schmelzkäse (wahlweise Frischkäse)
gehackter Dill
Salz
Sesam zum Dekorieren

WÜRZIGER **SPROTTENSALAT**

Rezept von Merrit Kiho
Profikoch: Aare Sild

Entspricht 4 Portionen

Bedecken Sie die Roten Rüben mit Alufolie und legen Sie die glänzende Seite auf die Rote Bete. Für ein paar Stunden bei 140 ° C in den Backofen stellen.
Bereiten Sie die Sprotten vor. Sie benötigen 5 Filets pro Portion, schneiden Sie den Rest klein.
Für die Sauce den Apfelessig und den Honig zum Kochen bringen, bis sie auf etwa ein Drittel reduziert ist.
Vermengen Sie den Frischkäse und die sonnengetrockneten Tomaten; stellen Sie die Masse für später in den Kühlschrank.
Kochen Sie die Eier, bis der Dotter innen fest, aber noch glasig ist, und lassen Sie sie abkühlen. Schneiden Sie sie dann in Viertel.
Nachdem Sie die Rote Bete aus dem Backrohr genommen haben, lassen Sie sie abkühlen und entfernen die Schale. Schneiden Sie sie dann in dünne Scheiben. Verwenden Sie hierfür entweder einen Käsehobel oder einen Sparschäler, um wirklich dünne Streifen zu erhalten, und rollen Sie sie ein. Die Cherrytomaten halbieren.
Vermengen Sie die geschnittenen Sprotten, die gehackten eingelegten Gurken, die ausgeschabten Chilischoten und die gerösteten und grob gehackten Kürbiskerne mit den Salatblättern. Mit Öl beträufeln.
Schneiden Sie die Gurke in Scheiben und legen Sie sie mit den Tomaten und der Rote Bete oben auf den Salat. Zuletzt die Sprottenfilets auf jede Portion legen und mit Eispalten und dünnen Zwiebelscheiben dekorieren.
Verteilen Sie etwas Frischkäse auf jeder Portion und fügen Sie die Sauce hinzu.
Direkt vor dem Servieren mit schwarzem Pfeffer würzen und als Beilage eine Scheibe Roggenbrot mit Butter reichen.

2 kleine Rote Rüben
ca. 30 ganze Gewürzsprotten
100 g Frischkäse (zimmerwarm)
1 EL fein gehackte sonnengetrocknete Tomaten
4 Eier
200 g Cherrytomaten (in unterschiedlichen Farben)
2 eingelegte Gurken
2 Chilischoten
1 EL Kürbiskerne
4 große Handvoll Salat Ihrer Wahl (Rucola, Eisbergsalat oder Blattsalat)
Speiseöl
1 Hälfte einer langen Gurke
1 kleinere rote Zwiebel
schwarzer Pfeffer

Salatsauce:
6 EL Apfelessig
1-2 EL Honig

GEMÜSESALAT MIT RHABARBERSAUCE

Rezept von Aivo Koppel
Profikoch: Heidi Vihma

Entspricht 4 Portionen

200 g rohe geriebene Rote Bete
200 g rohe geriebene Karotten
50–100 g Frühlingszwiebeln
200 g junge, grüne Zucchini
Rote-Bete-Blätter oder frische Petersilie
Öl zum Braten

Rhabarbersauce:
5 Rhabarberstangen
500 ml Wasser
1–2 TL Salz
3 EL Kristallzucker
3 EL kaltgepresstes Rapsöl

MERKE! Kann auch in größeren Mengen für später hergestellt werden.

Schneiden Sie den Rhabarber in Stücke. Achten Sie darauf, dass Sie genug Wasser verwenden, damit der Rhabarber bedeckt ist, und kochen Sie ihn, bis er weich ist. Sie müssen ihn nicht schälen. Den Rhabarber abtropfen (er wird nicht mehr benötigt). Den Rhabarbersud aufbewahren, Salz und Zucker hinzufügen und die Flüssigkeit unter vorsichtigem und ständigem Rühren erhitzen.
Falls der Geschmack nicht intensiv genug sein sollte, diese Rhabarbersauce bis zu einem zufriedenstellenden Ergebnis weiterkochen. Abkühlen lassen und das Öl mit einem Schneebesen unterrühren. Für den Salat die Rote Bete und die Karotten reiben, die Zwiebeln schneiden, alles zur Sauce dazugeben und rühren. Schneiden Sie die Zucchini in Scheiben und braten Sie sie in Öl. Die Zutaten für den Salat auf einem Teller anrichten. Mit Gartenkräutern garnieren.

TIPP!

Geben Sie Zucker in das vom Kochen übriggebliebene Rhabarberwasser, um ein leckeres süß-saures Dressing zu erhalten. Träufeln Sie einen Löffel auf jede Zucchinischeibe – das verleiht dem Salat das gewisse Extra! Die restliche Flüssigkeit können Sie für viele Desserts oder, nach weiterem Erhitzen, zum Einmachen verwenden.

SAUERKRAUTSUPPE MIT HANFSAMEN

Rezept von Erlis Schönberg

Entspricht 8 Portionen

Gießen Sie kalten Kefir in einen Standmixer. Geben Sie das rohe Sauerkraut, Honig und Salz hinzu und schalten Sie den Mixer ein, bis alle Zutaten gründlich vermischt sind. Bis zum Servieren in den Kühlschrank stellen.
Braten Sie die Schweinewangen bei 150 °C im Backofen auf Backpapier, bis der Großteil des Fetts geschmolzen ist.
Rösten Sie die Brotscheiben, bis sie knusprig sind. Rösten Sie die Hanfsamen in einer Bratpfanne. Rühren Sie sie gemeinsam mit den Leinsamen in die Suppe ein.
Falls Ihnen die Suppe zu dick vorkommt, verwenden Sie mehr Kefir. Servieren Sie sie in kleinen Schüsseln oder Tassen. Bestreuen Sie diese Delikatesse mit Hanfsamen und Gartenkräutern Ihrer Wahl. Als köstliche Beilage zu dieser Speise eignet sich eine Scheibe Roggenbrot mit Senf und Schweinewangenstreifen.

1 l Kefir
350 g rohes Sauerkraut
50 g Honig
1 TL Salz
20 g milder, körniger Senf
100 g Hanfsamen
50 g Leinsamen

Zum Servieren:
8 Scheiben geräucherte Schweinewangen
8 Scheiben Roggenbrot
Gartenkräuter zum Verfeinern

BLÄTTERTEIGSCHIFFCHEN MIT BLUTWURST UND ZUCCHINI

Rezept von Piret Veigel
Profikoch: Tarmo Randes

Entspricht 8–12 Portionen

400 g Tiefkühlblätterteig (4 Blätter)
2-3 Knoblauchzehen
150 g Frischkäse
1 ganze Blutwurst
1 Zucchini (dicker als die Blutwurst)
1 Handvoll sonnengetrocknete Tomaten
oder alternativ im Winter 50 g Cranberrys
2-3 frische Salbeiblätter
Salz, schwarzer Pfeffer

Legen Sie den aufgetauten Blätterteig auf ein mit Backpapier ausgelegtes Backblech. Machen Sie etwa 1 cm von den Rändern entfernt Schlitze in die Blätterteigschiffchen. Achten Sie jedoch darauf, nicht durch den Teig zu schneiden!
Schneiden Sie den Knoblauch fein auf, mischen Sie ihn mit Frischkäse und schmecken Sie ihn mit einer Prise Salz ab.
Verteilen Sie die Masse auf Ihren Blätterteigschiffchen, stoppen Sie jedoch vor den Schlitzen.
Mit einem scharfen Messer schneiden Sie die Blutwurst in feine Scheiben. Schälen Sie die Zucchini und schneiden Sie sie ebenso in Scheiben.
Schneiden Sie die sonnengetrockneten Tomaten und die Salbeiblätter in dünne Streifen. Legen Sie die Zucchini- und Blutwurstscheiben abwechselnd auf den Teig. Mit Salz, Pfeffer, Salbei, sonnengetrockneten Tomaten (oder Cranberrys im Winter) verfeinern.
Die Schiffchen im Ofen bei 200–220 °C backen, bis die Ränder aufgehen und goldbraun werden. Abkühlen lassen, aber noch warm schneiden und servieren. Dieses Gericht schmeckt auch am darauffolgenden Tag noch hervorragend.

FISCHGERICHTE

ROGGENBROTSUPPE MIT GERÄUCHERTEM BALTISCHEN HERING

Rezept von Erlis Schönberg
Profikoch: Tuuli Mathisen

Entspricht 6 Portionen

Für die Suppe schneiden Sie die Zwiebel fein auf und braten sie mit Butter bei niedriger Temperatur glasig. Fügen Sie Gemüsebrühe und frischen Dill hinzu und bringen Sie das Ganze zum Kochen. Entgräten Sie den Fisch, geben Sie ihn in die Brühe und lassen Sie sie bei niedriger Temperatur 5 Minuten köcheln.
Damit die Suppe ein bisschen mehr Charakter erhält, rösten Sie die Brotscheiben im Ofen, bis sie dunkelbraun sind. Mengen Sie diese getoasteten Scheiben unter die Brühe und den Fisch und lassen Sie sie etwa 2 Minuten lang einweichen. Rühren Sie die Crème double, Salz und Pfeffer in die Suppe ein. Benutzen Sie einen Handmixer oder einen Pürierstab, um die Suppe zu pürieren.
Für das Sauerampfer- oder Dillöl benutzen Sie einen Pürierstab oder einen anderen elektrischen Mixer, um die Zutaten behutsam miteinander zu verbinden. Mit Salz und Pfeffer abschmecken.
Um den Geschmack der Suppe zu verfeinern, tröpfeln Sie ein bisschen Sauerampferöl in die Suppe und garnieren sie mit Schnittlauch und frischem Dill. Schneiden Sie ein paar Heringe in Streifen, um die Dekoration abzurunden. Wenn Sie mögen, können Sie auch einige knusprige Brotkrumen und ein aufgeschnittenes gekochtes Ei über die Suppe streuen.
Falls es die Jahreszeit erlaubt, garnieren Sie die Suppe mit einem hübschen Johannisbeerzweig, der dieser herrlich reichhaltigen Suppe noch etwas Säure verleiht.

2 Zwiebeln (100 g)
50 g Butter
1 l klare Gemüsebrühe
frischer Dill mit Stielen
200 g baltischer Räucherhering
4 Scheiben Roggenbrot
300 ml Crème double
Salz und Pfeffer

Sauerampfer- oder Dillöl:
1 Handvoll Sauerampfer oder Dill
100 ml Rapsöl
Zitronensaft zum Abschmecken

Zum Servieren:
Sauerampfer- oder Dillöl
Schnittlauch oder Dill
2 baltische Räucherheringe (ca. 50–60 g)
1 Scheibe Roggenbrot
1 hartgekochtes Ei

FORELLE
MIT ERBSEN-MINZ-PÜREE AN HERBSTLICHER SAUCE

Rezept von Moonika Lindfors
Profikoch: Aare Sild

Entspricht 6 Portionen

Im Ofen getrocknetes Gemüse:
1 mittelgroße Rote Bete
1 Karotte
1 große Zwiebel
1 EL brauner, unraffinierter Zucker
1 EL Meersalz

Schälen Sie die Rote Bete und die Karotte. Mit Hilfe eines Sparschälers in sehr feine Scheiben schneiden (je 12, den Rest für später aufbewahren). Die Zwiebel halbieren, in Scheiben schneiden und das Gemüse auf einem mit Backpapier ausgelegten Blech verteilen. Mit Zucker und Salz bestreuen. Heizen Sie den Ofen auf eine niedrige Temperatur (ca. 85 °C) vor und lassen Sie das Gemüse für mindestens 1 Stunde im Ofen, bis die Rote-Bete-, Karotten- und Zwiebelstücke trocken und knusprig sind.

Erbsenpüree:
70 g gesalzene Butter
2 große Knoblauchzehen
400–450 g Erbsen (tiefgekühlt)
150–200 ml Wasser
2 EL milder Käse (gerieben)
4 frische Pfefferminzstiele (Blätter mit Blüten)
feines Meersalz zum Abschmecken

Lassen Sie die Butter in einem Saucentopf schmelzen, geben Sie die fein gehackten Knoblauchzehen und die Erbsen dazu und dünsten Sie sie unter Rühren. Gießen Sie Wasser hinzu, bringen Sie es bei niedriger Temperatur zum Kochen und legen Sie nach ein paar Minuten einen Deckel auf den Saucentopf, um die Erbsen für weitere 5 Minuten dünsten zu lassen.
Geben Sie die Erbsenmasse in eine Küchenmaschine, mischen Sie den geriebenen Käse, die Pfefferminze und das Meersalz darunter, pürieren Sie die Masse und passen Sie die Konsistenz mit Hilfe des übriggebliebenen Erbsenwassers an.
Falls nötig, fügen Sie heißes Wasser hinzu, damit das Püree kartoffelpüreeähnlich wird.
Es ist wichtig, dass die Pfefferminze ihren Geschmack entfalten kann, weshalb Sie noch ein paar Blätter untermischen sollten. Falls nötig, mixen Sie das Püree weiter.

Fortsetzung auf der nächsten Seite

Herbstliche Sauce:
50 g gesalzene Butter
400–450 g Butternusskürbis
1 große Karotte + einige Karottenscheiben des zuvor ofengetrockneten Gemüses
feines Meersalz zum Abschmecken
1 große Orange
2 EL gehackter Koriander
2 EL Safran (nur wenn Sie eine andere Kürbisart verwenden)

Zerlassen Sie die Butter in einem Saucentopf. Würfeln Sie den Kürbis; geben Sie die Karottenscheiben (1 cm breit, einschließlich der restlichen Karotte aus dem getrockneten Gemüse) dazu. Goldbraun anbraten und genug Wasser hinzugeben, sodass das Gemüse beinahe bedeckt ist, und zum Kochen bringen. Wenn das Gemüse weich ist, eine Prise Salz, Orangenschale und -saft sowie gehackten Koriander hinzugeben und mit einem Stabmixer pürieren.

Pilze:
18 Pfifferlinge
50 g gesalzene Butter
1 mittelgroße Zwiebel

Die Pfifferlinge kurz mit Butter und der gehackten Zwiebel anbraten.

Fisch:
die vom Trocknen übriggebliebene Hälfte der Rote Bete
2 EL brauner unraffinierter Zucker
ca. 800 g Forellenfilet (wahlweise Lachsforelle)
2 cl Gin
1 Handvoll Wacholderbeeren (die Hälfte zerstoßen)
2 EL (80 g) Meersalz

Verwenden Sie eine große Reibe, um die Reste der Roten Bete vom getrockneten Gemüse zu reiben. Vermengen Sie sie mit Zucker und lassen Sie sie für ein paar Minuten ziehen.
Legen Sie den Fisch mit der Hautseite auf Backpapier und schneiden Sie das Filet vorsichtig in 6 Teile, ohne jedoch durch die Haut zu schneiden. Reiben Sie ihn mit Gin ein und streuen Sie die in einem Mörser zerkleinerten Wacholderbeeren darüber (lassen Sie 12 Beeren zum Garnieren übrig). Salzen und den Fisch mit der geriebenen Rote-Bete-Zucker-Masse einreiben, mit Folie bedecken und im Ofen 15–20 Minuten bei 220 °C (je nach der Dicke des Fischs) braten. Nehmen Sie die Folie herunter, reduzieren Sie die Temperatur auf 175 °C und lassen Sie den Fisch für weitere 5–7 Minuten im Backofen. Nehmen Sie ihn dann aus dem Ofen und kratzen Sie die Rote Bete vom Fisch.

Zum Garnieren:
1 kleine Handvoll getrocknete Kornblumen
100 g Forellenrogen
½ Glas Preiselbeeren

Richten Sie das Erbsenpüree, die gelbe Sauce und die geriebene Rote Bete aus dem Ofen auf einem Teller an. Servieren Sie ein Stück Fisch mit Rogen, Pilzen, getrockneter Roter Bete, Karotten, Zwiebeln, Kornblumen und Preiselbeeren.

HECHTWÜRSTCHEN MIT KARTOFFELPÜREE, GURKENSALAT UND PARMESAN-BUTTER-SAUCE

Rezept von Garage 12 (Ivo Loide und Jaanus Randlaine)
Profikoch: Tarmo Randes

Entspricht 10 Portionen

2 kg Hechtfilets
1 kg Speck oder Schweinewange
2 Frühlingszwiebeln
1 Knoblauchzehe
Petersilie
Dill
weißer gemahlener Pfeffer
schwarzer gemahlener Pfeffer
Salz
Kristallzucker
Wurstdarm

Filetieren Sie den Hecht und würfeln Sie ihn. Schneiden Sie den Speck und die Zwiebeln klein und drehen Sie alle Zutaten einschließlich der Gewürze durch einen Fleischwolf. Abschmecken und alle Zutaten mit den Händen gut vermengen. Die Masse für 1 Stunde ruhen lassen, damit die Aromen sich entfalten können.
Weichen Sie den Wurstdarm in Wasser ein. Dies erleichtert Ihnen später das Füllen. Füllen Sie den Darm entweder mit einer Wurstfüllmaschine, einem Fleischwolf mit Füllaufsatz oder einem Trichter und einem Holzstab. Lassen Sie genug Platz in den Wurstdärmen, damit die Masse sich ausdehnen kann. Braten Sie die Würstchen entweder im Backofen, in einer Bratpfanne oder auf dem Grill.

Meerrettichmousse:
Meerrettich
200 g Frischkäse (Doppelrahmstufe)

Für die Meerrettichmousse den Meerrettich unter den Frischkäse rühren; mit Salz und Pfeffer würzen, falls notwendig.

Gurkensalat:
600 g frische Gurke
Salz und Zitronensaft
50 g Dill

Nehmen Sie ein Schälmesser, um die Gurke für den Salat in feine Scheiben zu schneiden. Würzen Sie diesen mit Salz und Zitronensaft und fügen Sie den gehackten Dill hinzu. Stellen Sie ihn bis zum Servieren als Beilage zu den Würstchen in den Kühlschrank.

Fortsetzung auf der nächsten Seite

Sauce:
150 g Schalotten
50 g Butter
100 ml Weißwein
50 ml Schlagsahne (35 %)
100 g Parmesankäse

Für die Sauce die Schalotten in einem Saucentopf in der Butter braten, bis sie weich sind, Wein, Schlagsahne und Parmesan hinzufügen und das Gemisch unter ständigem Rühren zum Kochen bringen. Würzen und separat in einer Saucenschale servieren.

Kartoffelpüree:
2 kg Kartoffeln
Halbfettmilch
Butter
Salz

Kochen Sie die Kartoffeln weich, schälen Sie sie noch heiß und drücken Sie sie durch die Kartoffelpresse. Rühren Sie Milch und Butter unter und schmecken Sie das Püree ab.

Servieren Sie die Hechtwürstchen mit der Sauce, Kartoffelpüree und Gurkensalat sowie Meerrettichmousse.

TIPP!

Falls Sie keine Wurstdärme bekommen oder nur wenig Zeit haben, folgen Sie demselben Rezept und bereiten Sie entweder Hechtküchlein, Frikadellen oder Fischbällchen zu.

BALTISCHER HERING
IN HAFERMEHLPANADE MIT GERSTENRISOTTO UND KARAMELLISIERTEN ZWIEBELN

Rezept von Auli Kaldaru
Profikoch: Mari-Liis Ilover

Entspricht 4 Portionen

Gerstenrisotto:
160 g Gerstengraupen (Rollgerste)
1 mittelgroße Zwiebel
Butter zum Braten
3 Knoblauchzehen
100 ml trockener Weißwein
ca. 400 ml Gemüse- oder Hühnerbrühe
Salz und Pfeffer
50 g eher würziger italienischer Käse, z. B. Parmesan (vorzugsweise Valio-Forte-Käse)
1 Handvoll gehackter Schnittlauch
Schale von ½ Zitrone

Bereiten Sie zuerst den Gerstenrisotto vor. Am besten weichen Sie die Graupen etwa 2 Stunden vor dem Kochen in Wasser ein – oder auch am Vortag, was die Garzeit beschleunigt.
Hacken Sie die Zwiebel und braten Sie sie mit Butter, bis sie glasig wird, fügen Sie dann den geschnittenen Knoblauch hinzu und braten Sie weiter. Geben Sie die abgetropften Graupen dazu und dünsten Sie sie gemeinsam mit der Zwiebel in der Bratpfanne.

Als Nächstes gießen Sie mit Wein auf und lassen den Alkohol verdampfen. Fügen Sie heiße Brühe in kleinen Mengen hinzu, genau wie Sie es bei einem Risotto machen würden. Sobald die Brühe fast vollständig verdampft ist, fügen Sie erneut welche hinzu. Wiederholen Sie diesen Vorgang, bis die Graupen weich geworden sind. Nach jeder Zugabe von Brühe ist es wichtig, gut umzurühren. Kochen Sie die Gerste bei relativ niedriger Hitze. Die Graupen sollten weicher geworden, aber noch bissfest („al dente“) sein. Mit Salz und Pfeffer würzen und den fein geriebenen Käse, gehackten Schnittlauch und die Zitronenschale hinzugeben. Die Masse ausgiebig rühren, bis sie cremig wird.

Fortsetzung auf der nächsten Seite

Baltischer Hering in Hafermehlpanade:
300 g baltischer Hering (Schmetterlingsschnitt)
Hafermehlmischung: 5 EL Hafermehl, Salz, Pfeffer
Ei-Mischung: 1 Ei, 1 EL Wasser, Salz, Pfeffer
Speiseöl zum Braten

Um den baltischen Hering vorzubereiten, mischen Sie das Hafermehl mit Salz und Pfeffer. Verquirlen Sie die Eier mit Wasser, Salz und Pfeffer. Wälzen Sie den Fisch zuerst im Hafermehl, dann im Ei und dann erneut im Hafermehl. Von beiden Seiten in Öl goldbraun braten. Während Sie den baltischen Hering braten, bereiten Sie die karamellisierten Zwiebeln vor.

Karamellisierte Zwiebeln:
7 sehr kleine Zwiebeln
1 Klecks Butter
2 EL Honig
100 ml süßer Apfelwein (vorzugsweise Põltsamaa Kuldne)
Salz und schwarzer Pfeffer
1 Thymianzweig

Schälen Sie die Zwiebeln und schneiden Sie sie in je vier Stücke. Zerlassen Sie dann einen guten Klecks Butter in einer Bratpfanne, geben Sie die geviertelten Zwiebeln hinein und bräunen Sie sie an den Seiten. Dabei von Zeit zu Zeit umrühren. Den Honig dazugeben und noch ein paar Minuten braten. Dann den Apfelwein beimengen und die Hitze reduzieren. Rühren Sie weiter, bis die Sauce karamellisiert. Dieser Vorgang dauert etwa 15 Minuten. Falls die Sauce zu schnell verdampft oder zu dick wird, geben Sie noch ein bisschen Wein hinzu und verringern Sie die Temperatur noch etwas mehr. Mit Salz und schwarzem Pfeffer abschmecken.

Servieren Sie den Gerstenrisotto mit dem panierten baltischen Hering und den karamellisierten Zwiebeln, träufeln Sie die süße Sauce über das Gericht und garnieren Sie es mit Thymian.

BALTISCHE HERINGSFILETS MIT KARTOFFELCHIPS IN HAFERPANADE UND SAUERKRAUTSIRUP

Rezept von Erlis Schönberg
Profikoch: Külli Värnik

Entspricht 6 Portionen

300 g baltische Heringsfilets

Sauerkrautsirup:
100 ml natürliche Sauerkrautlake
1–2 EL Honig

Reduzieren Sie die Lake des Sauerkrauts auf die Hälfte, fügen Sie den Honig nach Geschmack hinzu. Dann noch ein paar Minuten auf der heißen Platte lassen. Beim Abkühlen wird der Saft zu einem Sirup.

Kartoffelchips:
2 große Kartoffeln
Mehl
Salz
2 Eier
Instant- oder Schnellhaferflocken
Speiseöl

Waschen Sie die ungeschälten Kartoffeln und schneiden Sie sie in etwa 3 mm dicke Chips. Zuerst wälzen Sie sie in gesalzenem Mehl, dann in verquirltem Ei und zuletzt in den Haferflocken. Braten Sie die Chips in heißem Öl goldbraun.

Kartoffelcreme mit Senf:
2 Kartoffeln
1 EL Senf (Dijon)
50 ml heiße Milch

Kochen Sie die Kartoffeln weich (verwenden Sie die Kartoffelreste, die bei der Herstellung der Chips übriggeblieben sind). Mit Hilfe eines Kartoffelstampfers die Kartoffeln zerstampfen, Senf und die erhitzte Milch hinzugeben und schlagen, bis die Creme luftig wird.

Braten Sie die baltischen Heringsfilets bei niedriger Hitze in einer Bratpfanne und schmecken Sie sie mit Salz ab. Servieren Sie den baltischen Hering als wundervolles kleines Fischgericht mit den Kartoffelchips, der Kartoffelcreme und dem Sauerkrautsirup.

GERÄUCHERTER BARSCH
MIT KARTOFFELN UND ROTE-BETE-GELEE

Rezept von Evelin Org
Profikoch: Aare Sild

Entspricht 2 Portionen

4 Flussbarschfilets
Meersalz
Räucherbeutel für Innenräume (1 Beutel für 6 Filets)
1,5 EL zum Bestreichen des Inneren des Räucherbeutels

Kartoffelturm:
2 mittelgroße Kartoffeln
60 g geriebener würziger italienischer Käse
0,5 TL getrockneter Thymian
Salz und Pfeffer
3 TL Olivenöl

Butter zum Bestreichen der Auflaufformen

Rote-Bete-Gelee:
2 Gelatineblätter
30 g gekochte und geriebene Rote Bete
1,5 TL Meerrettich
Salz
2,5 TL Frühlingszwiebeln
1,5 TL Dill
Kristallzucker

Für das Rote-Bete-Gelee die Gelatineblätter in kaltem Wasser einweichen. Danach das überschüssige Wasser abgießen und die Blätter bei leichter Hitze auflösen.

Teilen Sie die Rote Bete in zwei Portionen. Unter die eine Portion den Meerrettich und die Hälfte der Gelatine mengen und salzen. Unter die andere Portion die gehackte Zwiebel, den Dill, eine Prise Salz und Zucker sowie die restliche Gelatine in kleinen Mengen rühren.
Füllen Sie diese Massen separat entweder in Auflaufformen oder legen Sie sie auf Frischhaltefolie und lassen Sie sie fest werden. Sie können später nach Belieben verschiedene Formen oder Würfel zuschneiden.
Für den Kartoffelturm heizen Sie den Backofen auf 200 °C vor. Schneiden Sie die Kartoffeln in feine Scheiben, reiben Sie die Hälfte des Käses, geben Sie den getrockneten Thymian, eine Prise Salz und Pfeffer hinzu und übergießen Sie ihn mit Olivenöl.
Vermischen Sie Kartoffeln und die Käsemischung und nehmen Sie ein Muffinblech, um die Schichten aufeinanderzustapeln. Streuen Sie ein bisschen mehr geriebenen Käse zwischen die Schichten und schieben Sie das Blech für etwa 15 Minuten bei 200 °C in den Ofen. Danach die Hitze für etwa 7 Minuten auf 180 °C reduzieren.

Fortsetzung auf der nächsten Seite

Bereiten Sie die Barschfilets vor: Die Filets auf ein Schneidbrett legen, mit einer dünnen Schicht Meersalz bedecken und maximal 15 Minuten ziehen lassen. Wenn möglich, einen zweiten Ofen auf 250 °C vorheizen und den Räucherbeutel hineinlegen. Schließen Sie ihn oben und lassen Sie ihn etwa 15 Minuten dort. Nehmen Sie den Räucherbeutel dann aus dem Ofen, öffnen Sie ihn oben, streichen Sie ihn innen mit Öl aus und legen Sie die Filets hinein. Schließen Sie den Beutel vorsichtig und legen Sie ihn für weitere 5 Minuten in das Backrohr. Nach dem Herausnehmen noch 10 Minuten fest verschlossen lassen. Öffnen Sie den Beutel, indem Sie die Ränder abschneiden. Seien Sie sehr vorsichtig, damit Sie sich nicht verbrennen oder die Filets zerbrechen.

Richten Sie das Rote-Bete-Gelee auf einem Teller an und legen Sie das geräucherte Barschfilet und den warmen Kartoffelturm daneben. Mit Dill und Frühlingszwiebel garnieren.

FESTTAGSSTRUDEL DER KÜSTENBEWOHNER

Rezept von Alla Metsmaa
Profikoch: Heidi Vihma

Entspricht 10 Portionen

Um den Teig vorzubereiten, sieben Sie das Mehl in eine Rührschüssel, machen Sie eine Vertiefung hinein, fügen Sie die restlichen Zutaten hinzu und rühren Sie sie vorsichtig ein, bis ein gleichmäßiger Teig entstanden ist (nicht kneten). Lassen Sie den Teig in der mit einem sauberen Tuch bedeckten Schüssel ruhen. Für das beste Ergebnis bereiten Sie den Teig am Vortag zu.
Für die Füllung entgräten Sie den Fisch, schneiden den Salzspeck in Scheiben, entfernen die Samen der Chilischote und hacken sie fein. Die Zwiebel hacken, in Butter anbraten und die geschmolzene Butter in einer Schüssel für später auffangen.
Vermengen Sie Zwiebel, Fisch, aufgeschnittenen Salzspeck und Chili für die Füllung. Mit Hüttenkäse vermischen und gut verrühren. Teilen Sie den Teig in zwei Teile. Legen Sie das Backpapier auf einen Tisch und bedecken Sie es mit einer dünnen Schicht Semmelbrösel. Rollen Sie einen Teil des Teigs zu einem Rechteck aus, bis er durchsichtig ist, legen Sie ihn auf die Bröselschicht und streuen Sie zusätzlich noch Brösel darüber. Falls notwendig, korrigieren Sie die dickeren Teile des Teigs, bis er gleichmäßig ausgelegt ist.
Verteilen Sie die Hälfte der Füllung auf dem Teig, rollen Sie ihn mit Hilfe des Backpapiers ein und legen Sie ihn auf das mit Backpapier ausgelegte Backblech. Wiederholen Sie diesen Vorgang mit der zweiten Teighälfte. Tröpfeln Sie die restliche Butter vom Anbraten der Zwiebeln über die Strudel und backen Sie sie 20–35 Minuten bei 180 °C (Heißluft).
Dieses Gericht wird am besten an einem kalten Tag mit einem eiskalten Wodka oder einem kühlen Bier genossen.

Teig:
250 g Mehl
35 g zerlassene Butter
1 Ei
Prise Salz
110 g kaltes Wasser

Füllung:
250 g geräucherter Kabeljau
200 g gewürzter Salzspeck
1 Chilischote
2 Zwiebeln
100 g Butter
400 g Hüttenkäse
150 g Vollkornsemmelbrösel (Paniermehl)

TIPP!

Falls Sie sich unsicher ob Ihrer Strudelfähigkeiten sind oder zu wenig Zeit haben, können Sie auch immer einen fertigen Blätter- oder Strudelteig als Alternative verwenden.

MARINIERTER BALTISCHER HERING
ODER: DAS WOHLGEHÜTETE GEHEIMNIS VON SAAREMAA

Rezept von Tuuli Mathisen

Entspricht 4 Portionen

1 kg baltischer Hering
100 g grobes Salz
2 Zwiebeln
1 Karotte
1 l Wasser
10 Pfefferkörner
10 Pimentkörner
5 Lorbeerblätter
1 EL Salz
4 EL Kristallzucker
2 EL Essig (30 %)

Putzen Sie die Fische, reiben Sie sie mit Salz ein und lassen Sie sie für ein paar Stunden ziehen. Die Zwiebeln und die Karotte schälen und in Scheiben schneiden. Geben Sie bis auf den Essig alle Zutaten für die Marinade in einen großen Topf und lassen Sie sie für ein paar Minuten kochen. Nehmen Sie den Topf vom Herd und fügen Sie den Essig hinzu.
Abkühlen lassen.
Grillen Sie den Fisch ein paar Minuten in einem Grillkorb, bis er von beiden Seiten goldbraun ist, und gießen Sie die Marinade über den Fisch.
Der Trick bei diesem Gericht ist es, die Marinade in dem Moment über den Fisch zu gießen, in dem Sie ihn vom Grill nehmen.

FLEISCHGERICHTE

GEBACKENE STECKRÜBEN

Rezept von Evelin Org
Profikoch: Mari-Liis Ilover

Entspricht 6 Portionen

Schälen Sie die Steckrüben und kochen Sie sie in Salzwasser, bis sie halb gar sind. Lassen Sie sie auskühlen. Falls Sie es eilig haben, können Sie sie auch in kaltem Wasser abkühlen.
Kochen Sie die Gerstengraupen, während die Steckrüben kochen. Dazu gießen Sie Wasser in einen Saucentopf und waschen die Graupen. Kochen Sie sie in Salzwasser, bis sie weich sind. Sowohl die Steckrüben als auch die Graupen brauchen etwa 45 Minuten, bis sie gar sind.
Schneiden Sie eine dicke Scheibe Speck ab und würfeln Sie sie. Schneiden Sie auch die Zwiebel klein. Braten Sie den Speck und die Zwiebel in einem Klecks Butter an (der Speck wird sein Fett auslassen), bis die Zwiebel glasig wird.
Für die Füllung vermischen Sie Hackfleisch, Zwiebel, Speck und Graupen. Mit Salz und Pfeffer würzen.
Wenn die Steckrüben abgekühlt sind, schneiden Sie oben eine etwa 1 cm große Haube ab und höhlen Sie das Gemüse in der Mitte aus. Füllen Sie die Füllung in die Aushöhlungen und setzen Sie den Steckrüben die Haube wieder auf. Buttern Sie eine feuerfeste Form und setzen Sie die Steckrüben hinein.
Legen Sie je eine Scheibe Räucherspeck auf jede Rübe und backen Sie sie ungefähr 30 Minuten bei 200 °C. Begießen Sie das Gemüse währenddessen immer wieder mit dem Bratensaft. Streuen Sie vor dem Servieren Petersilie über das Gericht.

6 kleine Steckrüben
80 g Gerstengraupen (Rollgerste)
300 ml Wasser
400 g geräucherter Schinken- oder Bauchspeck
1 mittelgroße Zwiebel
Butter zum Anbraten der Zwiebel und zum Einfetten der feuerfesten Form
200 g gemischtes Hackfleisch (Faschiertes, 100 g Schwein und 100 g Rind)
Salz und Pfeffer
gehackte Petersilie

LAMM-RÄUCHERHERING-LAIBCHEN

Rezept von Ülle Kärner
Profikoch: Heidi Vihma

Entspricht 10 Portionen

Braten Sie die 2–4 cm dicken Lammstücke und die Zwiebeln mit Butter in einer Bratpfanne braun. Kochen Sie die Kartoffeln, bis sie gar, aber nicht zu weich sind.
Benutzen Sie einen Fleischwolf, um Fleisch, Zwiebel, Kartoffeln und Räucherhering zu faschieren. Fügen Sie Sauerrahm, Mehl und Eigelb hinzu. Schlagen Sie das Eiweiß steif und heben Sie es unter die Masse. Würzen Sie sie nun mit schwarzem Pfeffer und zerstoßenen Wacholderbeeren. Mit Speisesalz oder geräuchertem Salz verfeinern.
Geben Sie die faschierte Mischung in einige kleinere oder eine größere Backform. Kleine Muffinformen aus Silikon eignen sich perfekt, da die Masse nicht an ihnen haftet und sie die ideale Größe haben.
Mit geriebenem Käse bestreuen und etwa 35–40 Minuten bei 190 °C backen.
Servieren Sie das Gericht mit Preiselbeerkonfitüre oder marinierter Rote Bete und garnieren Sie es mit Preiselbeeren, grünem Salat und Kräutern nach Belieben.

400 g Lamm
200 g weiße und rote Zwiebeln
100 g Butter
150 g Kartoffeln
100 g zartrosa kaltgeräucherter Räucherhering
60 g Sauerrahm (saure Sahne)
3 EL Mehl
3 Eier
schwarzer Pfeffer
4 zerstoßene Wacholderbeeren
Speisesalz oder geräuchertes Salz
200 g geriebener Käse (nach Geschmack)
Preiselbeerkonfitüre oder marinierte Rote Bete als Beilage
Preiselbeeren, grüner Salat oder Gartenkräuter zum Dekorieren

FLEISCHLAIBCHEN MIT GEMÜSESTAMPF

Rezept von Urve Tabri
Profikoch: Lia Virkus

Ergibt 3 große Laibchen

Für den Gemüsestampf kochen Sie das geschälte und geschnittene Gemüse, bis es gar ist. Gießen Sie es ab, lassen Sie aber ein bisschen Gemüsewasser im Saucentopf. Butter hinzugeben und das ganze Gemüse zerstampfen.
Weißbrot oder Grahambrot in ein wenig Wasser einweichen. Braten Sie die Zwiebel und den Knoblauch an. Vermengen Sie Brot, Faschiertes, Eier, die abgekühlte Zwiebel und den Knoblauch gemeinsam mit Salz und Pfeffer und formen Sie Laibchen aus der Masse.
Die geschnittenen Pilze gut anbraten und eine kleine Menge Käse unterrühren, damit die Masse gut bindet. Abkühlen, die Masse in einer Scheibe Käse einrollen und das Fleischlaibchen damit füllen.
Rollen Sie die Laibchen in gehackten Kürbiskernen oder in Sesam und braten Sie sie in einer Bratpfanne an, bis sie gebräunt sind. Dann im Ofen 15–20 Minuten bei 180 °C weiterbacken (oder bis die Laibchen gar sind). Mit Gemüsestampf, Erbsen und Petersilie servieren.

4-5 Scheiben Grahambrot
2 kleine Zwiebeln
1-2 Knoblauchzehen
Speiseöl
500 g gemischtes Hackfleisch (Faschiertes, 250 g Schwein und 250 g Rind)
2 Eier
Salz und Pfeffer
100 ml gehackte gesalzene Pilze
5-6 Scheiben milder weißer Käse
200-300 ml Kürbiskerne oder etwas Sesam

Gemüsestampf:
200 g geschälte und gehackte Steckrüben
200 g geschälte und gehackte Karotten
100 g geschälte und gehackte Kartoffeln
1 Handvoll Tiefkühlerbsen
50-60 g Butter
grüne Erbsen und frische Petersilie zum Garnieren

IN ROTWEIN **GESCHMORTES LAMM** MIT GERSTEN-KÜRBISPÜREE

Rezept von Auli Kaldaru
Profikoch: Tarmo Randes

Entspricht 6 Portionen

6 Stück Lammschulter mit intaktem Knochen (ca. 300 g)
1 TL Salz
Pfeffer
Öl zum Braten
10 Knoblauchzehen
2 Zwiebeln
4 Rosmarinzweige
3 frische Zweige oder 1 EL getrockneter Thymian
400 ml trockener Rotwein (Aroniawein, falls erhältlich)

Würzen Sie die Lammschulterstücke mit Salz und Pfeffer und braten Sie sie bei hoher Temperatur mit Öl an. Legen Sie das braungebratene Fleisch in einen Topf für Eintöpfe. Die Knoblauchzehen und die geviertelten Zwiebeln, die Rosmarin- und Thymianzweige, Wein, Salz und Pfeffer hinzugeben. Gießen Sie den Topf mit genug Wasser auf, dass das Fleisch fast bedeckt ist. Bei niedriger Flamme 2,5 Stunden köcheln lassen. Falls notwendig, können Sie mehr Wasser hinzugeben.

Butternusskürbis-Gerstenpüree:
160 g Gerstengraupen (Rollgerste)
2 Gemüsebrühwürfel oder Suppenwürfel
2 kg Butternusskürbis mit Schale
2 Zwiebeln
Butter zum Abschmecken
200 ml Crème double
Salz

Die Gerstengraupen sind schneller gar, wenn sie vor dem Kochen etwa 2 Stunden in Wasser eingeweicht werden. Gießen Sie eine kleine Menge Wasser zur Gerste und geben Sie einen Suppenwürfel hinzu, dann lassen Sie das Ganze köcheln.
Weiter köcheln lassen, bis das gesamte Wasser verdampft ist und die Graupen körnig sind. Als Nächstes dämpfen Sie den Butternusskürbis, bis er weich wird. Dazu in einen großen Topf mit kochendem Wasser ein Sieb oder einen Dämpfeinsatz hineinhängen und den geschälten, ausgehöhlten und geschnit-

Fortsetzung auf der nächsten Seite

tenen Kürbis darauflegen. Zudecken und köcheln lassen, bis der Butternusskürbis weich ist.
Schneiden Sie die Zwiebeln klein und braten Sie sie in einer Pfanne mit Butter braun an. Legen Sie den Butternusskürbis, die Gerste und die gebräunten Zwiebeln in einen Topf. Geben Sie nun die vorgewärmte Crème double hinzu. Salzen und alle Zutaten zu einem Püree verarbeiten.

Salat:
3 Romana-Salatköpfe
1 Schuss Olivenöl
Meersalz
getrocknete Kornblumenblüten

Als Beilage rösten Sie ein paar Blätter Romana-Salat. Brechen Sie den Salatkopf dafür auf, rösten Sie ihn bei großer Hitze in einer Pfanne mit ein wenig Olivenöl und streuen Sie Meersalz darüber.

GESCHMORTES KANINCHEN IN KÜRBISSAHNESAUCE

Rezept von Eneli Riim
Profikoch: Aare Sild

Entspricht 6–8 Portionen

1,5 kg Kaninchen
50 g Butter
2 Gemüsebrühwürfel
750 ml Wasser
0,25 TL gemahlener Kardamom
350 g Karotten
200 g Zwiebeln
20 g frischer Ingwer (3 cm große Stücke)
150 g getrocknete Pflaumen
4 Knoblauchzehen
120 g in Scheiben geschnittener Speck
3 Zimtstangen
850 g Kürbis
200 ml Schlagsahne
1 Handvoll Petersilie

Das Kaninchen in 6–8 Stücke schneiden: zwei Keulen, zwei Vorderläufe und der Rücken. Bei einem größeren Kaninchen den Rücken entlang der Rippen in vier Stücke schneiden.
Alle Teile bei recht hoher Temperatur in zerlassener Butter goldbraun braten. Lösen Sie die Brühwürfel in einer Rührschüssel mit heißem Wasser auf und geben Sie den Kardamom dazu.
Die Karotten schälen und in etwa 1 cm dicke, runde Scheiben schneiden (vorzugsweise mit einem Wellenschneider). Die Zwiebeln schälen und in dicke, runde Scheiben schneiden. Den Ingwer schälen, aber nicht klein schneiden, um ihn nach dem Kochen leichter entfernen zu können. Legen Sie zwei Drittel der Karotten, Zwiebeln und Pflaumen, die ganzen Knoblauchzehen und den Ingwer in einen großen Kochtopf. Erst die Hälfte der Speckscheiben und des Kaninchens auf dem Gemüse verteilen, dann den Rest des Specks und des Kaninchens. Die restlichen Karotten, Zwiebeln, Pflaumen und Knoblauchzehen darauf verteilen.
Stecken Sie die Zimtstangen tief in die Fleischstücke und übergießen Sie den Inhalt des Topfes mit der Brühe. Die Form gut 2 Stunden bei 180 °C in den Ofen stellen. Nach 1 Stunde kontrollieren, ob noch genügend Flüssigkeit vorhanden ist. Wasser hinzugeben, wenn nötig, sodass das Fleisch zu zwei Dritteln in der Flüssigkeit liegt. Geben Sie nun den geschälten, ausgehöhlten und gewürfelten Kürbis dazu.
Stechen Sie das Fleisch nach 2 Stunden Schmoren mit der Gabel an. Lässt es sich leicht vom Knochen lösen, die Schlagsahne dazugießen und das Fleisch für weitere 10 Minuten in den Backofen stellen. Löst sich das Fleisch noch nicht vom Knochen, lassen Sie es noch etwa 15 Minuten schmoren.
Servieren Sie das Kaninchen mit gedämpftem Gemüse und Sahnesauce (Sie können den Kürbis im Topf leicht zerdrücken, um ihn mit der Sahne zu vermengen). Mit fein gehackter Petersilie garnieren.

GERSTENRISOTTO
MIT STEINPILZEN

Rezept von Eneli Riim
Profikoch: Aare Sild

Entspricht 4 Portionen

Kochen Sie die Gerste halbgar in Salzwasser (ca. 15 Minuten). Durch ein Sieb abgießen.
Schneiden Sie die Zwiebel und rösten Sie sie etwa 3–4 Minuten in Olivenöl. Geben Sie geschnittene Steinpilze und die Graupen hinzu und braten Sie sie noch ein paar Minuten. (Falls Sie getrocknete Steinpilze verwenden, müssen diese vorab 20 Minuten in 300 ml Wasser gekocht werden. Gießen Sie sie dann ab und fangen Sie das Pilzwasser auf; Sie können es später zur Hühnerbrühe hinzugeben.)
Gießen Sie den Weißwein dazu und drehen Sie die Temperatur zurück. Geben Sie ein Drittel der Brühe hinzu und lassen Sie die Gerstengraupen langsam köcheln. Gießen Sie immer wieder Brühe nach, um die Gerste feucht zu halten und wiederholen Sie dies, bis die Graupen gar und weichgekocht sind.
Geben Sie den Frischkäse und den geriebenen Parmesan hinzu. Umrühren, salzen, mit frisch gemahlenem Pfeffer, Muskat und getrockneten Pilzen würzen. Zuletzt rühren Sie die gehackten Kräuter unter. Dieses Gericht sollte leicht flüssig oder wässrig serviert werden.

100 g Gerstengraupen (Rollgerste)
1 Zwiebel
3 EL Olivenöl
50 g frische oder gefrorene Steinpilze
50 ml trockener Weißwein
500 ml Hühnerbrühe
70–100 g Frischkäse (Doppelrahmstufe)
50 g Parmesan
Salz
frisch gemahlener schwarzer Pfeffer
gemahlener Muskat
10 g getrocknete Steinpilze (gemahlen)
frische Kräuter (Koriander, Petersilie, Dill)

GEBRATENER SCHWEINEBAUCH MIT GERSTENRISOTTO

Rezept von Argo Järve
Profikoch: Tuuli Mathisen

Entspricht 5 Portionen

Beginnen Sie mit dem Vorbereiten des Schweinebauchs. Hacken Sie die Knoblauchzehe, schneiden Sie einige Schlitze in das Fleisch und stecken Sie in diese Stücke des gehackten Knoblauchs. Schneiden Sie die Schwarte des Schweinebauchs kreuzförmig ein und reiben Sie das Fleisch rundherum mit Hilfe Ihrer Hände mit Senf, Chilipaste, Salz und Pfeffer ein.
Legen Sie das Fleisch in eine große Bratenform. Träufeln Sie ein wenig Öl auf die Haut und schieben Sie es für 2–3 Stunden in den vorgeheizten Ofen (160 °C).
Vor dem Kochen muss die Gerste gründlich gewaschen werden. Weichen Sie die Graupen 30 Minuten in Wasser ein. Schälen und würfeln Sie die Zwiebel, den Knoblauch und die Pastinake. Erhitzen Sie ein wenig Öl in einem Saucentopf und braten Sie den Knoblauch und die Zwiebel, bis die Zwiebel glasig wird. Geben Sie die Pastinake hinzu und reiben Sie etwas Muskat hinein.
Die Gerste abtropfen und gleichmäßig im Saucentopf erhitzen. Gießen Sie dann den Sekt und die heiße Brühe dazu. Lassen Sie die Masse bei niedrigerer Temperatur etwa 1 Stunde am Herd stehen (oder bis die Flüssigkeit aufgenommen wurde). Mischen Sie nun die Schlagsahne unter und lassen Sie das Ganze köcheln, bis auch sie aufgenommen wurde. Falls nötig mit Salz und Pfeffer würzen und geriebenen Käse hinzufügen.
Nehmen Sie das Fleisch aus dem Ofen und schneiden Sie es auf. Servieren Sie eine Kelle des Gerstenrisottos gemeinsam mit einem Stück Fleisch in einem tiefen Teller und streuen Sie geriebenen Käse und Petersilie darüber.

Geschmorter Schweinebauch aus dem Ofen:
1 Knoblauchzehe
500 g Schweinebauch
1 EL Senf
1 TL Chilipaste
Salz und Pfeffer
Speiseöl

Gerstenrisotto:
250 g Gerstengraupen (Rollgerste)
1 Zwiebel
1 Knoblauchzehe
200 g Pastinake
Speiseöl
Muskat
100 ml Sekt
500 ml Brühe
200 ml Schlagsahne
Salz und Pfeffer
geriebener Gouda
frische Petersilie oder Dill

DESSERTS

MARZIPANTORTE MIT **PREISELBEEREN**

Rezept von Silja Luide
Profikoch: Tarmo Randes

Entspricht 8–12 Portionen

Teig:
250 g Mehl (oder 200 Mehl und 50 g Mandelmehl)
50 g Kristallzucker
0,5 TL Salz
150 g Butter
1 EL eiskaltes Wasser
1 großes Ei

Füllung:
300 g Preiselbeeren
200 g Marzipan

Belag:
400 g Doppelrahmfrischkäse (zimmerwarm)
80 g Kristallzucker
2 EL Vanillezucker
2 große Eier (zimmerwarm)

Vermischen Sie Mehl, Zucker und Salz. Geben Sie die kalte gewürfelte Butter hinzu und vermengen Sie sie mit Hilfe eines Messers mit der Mehlmischung. Machen Sie eine Vertiefung in den Teig und geben Sie Wasser und Ei hinzu (Sie können das Wasser vorweg mit dem Ei verrühren). Benutzen Sie erst einen Teigspatel, um die Zutaten vorsichtig zu vermischen, und kneten Sie sie dann mit Ihren Händen, bis ein glatter Teig entsteht.
Legen Sie den Teig auf eine bemehlte Arbeitsfläche und streichen Sie ihn mit Ihren Händen glatt; drücken Sie die Teigkugel flach, wickeln Sie sie in Frischhaltefolie und lassen Sie sie im Kühlschrank 10–15 Minuten ruhen.
Rollen Sie den Teig aus und legen Sie ihn in einer gebutterten und bemehlten Springform mit 26 cm Durchmesser so aus, dass gut 2 cm an den Seiten hochstehen. Stechen Sie kleine Löcher in den Boden und stellen Sie ihn wieder 5–10 Minuten in den Kühlschrank.
Den Teig mit Backpapier bedecken, mit Erbsen, Bohnen oder Reis beschweren und 12 Minuten bei 180 °C blind backen.
Für die Füllung vermischen Sie die Preiselbeeren entweder mit geriebenem oder gehacktem Marzipan. (Es ist leichter zu reiben, wenn Sie es im Kühlschrank aufbewahrt oder in den Tiefkühlschrank gelegt haben.)
Verteilen Sie die Füllung auf dem vorgebackenen Boden und backen Sie die Torte 10 Minuten bei 180 °C.
Für den Belag den Frischkäse (bei Raumtemperatur) mit Zucker und Vanillezucker mixen, die Eier hinzugeben und rühren, bis eine glatte Creme entsteht. Streichen Sie die Masse auf die Torte und backen Sie sie ca. 30 Minuten bei 170 °C oder bis die oberste Schicht fest geworden ist.
Die Torte vor dem Anschneiden komplett auskühlen lassen. Am besten stellen Sie sie 2 Stunden vor dem Servieren in den Kühlschrank. Garnieren Sie die Torte mit Preiselbeeren und gesiebtem Staubzucker.

TIPP!

Wenn Sie eine glutenfreie Torte backen möchten, verwenden Sie statt des Weißmehls eine Mischung aus Reismehl, Maismehl und rohem Buchweizenmehl, ganz wie Sie mögen.

APFEL-BAISER-TORTE

Rezept von Eneli Riim

Ergibt 12 Stücke

Für den Teig die Mehlsorten, Weizenkleie, Zucker und Salz vermengen und mit der Butter zu einer krümeligen Masse verreiben. Mit Ei und Wasser zu einem glatten Teig kneten. Eine Kugel formen, in Frischhaltefolie wickeln und mind. 30 Minuten in den Kühlschrank stellen.
Die Äpfel schälen, entkernen und würfeln (1 cm) und in 250 ml Wasser mit Zucker und fein geriebener Zitronenschale erhitzen. 5 Minuten rühren, Zitronensaft und 50 ml Wasser hinzugeben, dann die Maisstärke gut einrühren. Die Äpfel unter ständigem Rühren beifügen. Bei niedriger Hitze noch 5–10 Minuten rühren, bis die Masse beginnt, einzudicken. Den Topf vom Feuer nehmen und die geschlagenen Eidotter kräftig unterrühren. Zimt, Ingwer und Mandelmehl oder -blättchen hinzufügen, die Füllung abkühlen lassen.
Eine Springform (24–26 cm) mit Backpapier auslegen und Ränder und Boden mit Teig bedecken. Backpapier auf den Teig legen, vorsichtig festdrücken, den Teig mit Erbsen beschweren und 10 Minuten bei 190 °C blind backen. Den Teig aus dem Ofen nehmen, Erbsen und obenliegendes Backpapier entfernen und weitere 5 Minuten backen, bis die Ränder leicht bräunlich werden. Aus dem Ofen nehmen und abkühlen lassen.
Das Eiweiß steif schlagen; dabei den Staubzucker in 4 Etappen unterrühren, bis ein dichter, glänzender Schaum entsteht. Die Apfelfüllung in die Form löffeln und die Oberfläche mit einem Teigspatel glätten. Die Füllung mit dem Eischnee bedecken, diesen mit einem Löffel glatt streichen, kleine Erhöhungen formen und nach Wunsch Preiselbeeren darüberstreuen. Die Torte bei 180 °C (Heißluft) für 7–10 Minuten backen, bis die Schaumspitzen beginnen, braun zu werden. Aus dem Ofen nehmen, auskühlen lassen und vor dem Servieren mind. 3 Stunden in den Kühlschrank stellen.

Teig:

100 g Vollkornmehl
80 g Mehl
10 g Weizenkleie
40 g Kristallzucker
0,5 TL Salz
95 g kalte gewürfelte Butter
1 Ei
2 EL kaltes Wasser

Füllung:

800 g geschälte und entkernte zum Backen geeignete Äpfel
250 ml + 50 ml Wasser
30 g Kristallzucker
Schale von 1 Zitrone
50 ml frischer Zitronensaft
30 g Maisstärke
3 Eidotter
1 TL gemahlener Zimt
0,5 TL gemahlener Ingwer
50 g gehackte Mandelplättchen oder Mandelmehl

Belag:

3 Eiweiß
100 g Staubzucker
1 Handvoll frische oder gefrorene Preiselbeeren (nach Wunsch)

ROGGENCUPCAKES
MIT KAMA-RUMLIKÖR-CREME

Rezept von Elise Loo
Profikoch: Tuuli Mathisen

Entspricht 6 Portionen

Kamacreme mit Rumlikör:

1 EL klarer Honig
100 ml Schlagsahne
1 TL Kama-Mehlmischung (siehe S. 16)
1–2 TL Rumlikör (wenn erhältlich Vana Tallinn)
1 großer EL weicher naturbelassener Quark

Falls der Honig nicht frisch und flüssig ist, wärmen Sie ihn im Wasserbad in einem Saucentopf auf. Die Temperatur des Honigs sollte 40 °C nicht übersteigen. Schlagen Sie die Schlagsahne auf. Vermischen Sie Kama-Mehl, Likör, Quark und Honig und heben Sie die Schlagsahne langsam unter.

Roggenmuffin:

2 Eiweiß
1 EL Kristallzucker
50 g Butter
50 g Milchschokolade
2 Eigelb + 1 ganzes Ei
100 ml Halbfettmilch
2 EL klarer Honig
2 EL Kristallzucker
1 TL Vanillezucker
2 TL Rumlikör
50 g Roggenbrösel
50 g Mehl
1 Handvoll Preiselbeeren
Preiselbeerkonfitüre und Cranberrys zum Garnieren

Schlagen Sie das Eiweiß steif. Nach 10 Minuten mischen Sie 1 EL Zucker darunter und schlagen noch 10 Minuten weiter (oder bis sich weiche Erhebungen bilden). Zerlassen Sie die Butter und lassen Sie darin die Schokolade schmelzen. Umrühren und abkühlen lassen.
Verrühren Sie die Eigelbe und das ganze Ei mit Milch. Fügen Sie die abgekühlte (aber immer noch flüssige) Mischung aus Butter und Schokolade hinzu.
Honig, Zucker, Vanillezucker und Likör ebenfalls unterrühren.
Geben Sie als Nächstes die Brösel und das Mehl, dann die Preiselbeeren dazu. Rühren Sie vorsichtig, damit die Beeren ganz bleiben. Zuletzt heben Sie das geschlagene Eiweiß unter und rühren in Kreisbewegungen, damit in der Masse die Luftigkeit des Eischnees erhalten bleibt.
Gießen Sie die Masse in die gebutterten und mit den Bröseln (Paniermehl) versehenen Cupcakeformen. 15–20 Minuten bei 175 °C backen.
Servieren Sie die kleinen Roggenmuffins, sobald sie abgekühlt sind. Mit einem Dressierbeutel spritzen Sie die gekühlte Kama-Likörcreme auf die Küchlein. Mit Preiselbeerkonfitüre und Cranberrys garnieren.

CHEESECAKE MIT ROGGEN-CRUMBLE UND PREISELBEEREN

Rezept von Auli Kaldaru
Profikoch: Tarmo Randes

Entspricht 4 Portionen

Das Brot in sehr kleine Brösel reiben. Diese auf einem mit Backpapier ausgelegten Backblech verteilen, 20 Minuten in der obersten Schiene des Backofens bei 150 °C (Heißluft) trocknen (die Brösel immer wieder bewegen, damit sie schneller trocknen) und zum Abkühlen aus dem Ofen nehmen. Sind sie vollständig ausgekühlt, die Krümel in einen Standmixer geben und die Butter unterrühren, bis eine glatte Masse entsteht. Die Nüsse hinzugeben und so lange mixen, bis sie wenig größer als die Brösel sind. Die Ränder von zwei Tortenringen aus Metall (8 cm) mit Backpapier auslegen. Die Brösel in den Ringen verteilen und sie fest an den Untergrund drücken.
Für die Füllung verrühren Sie den Frischkäse (zimmerwarm) mit dem Zucker. Die Gelatineblätter 5 Minuten in kaltem Wasser einweichen, die Hälfte der Schlagsahne in einen Saucentopf gießen und zum Kochen bringen. Die Gelatine dazugeben und rühren, bis sie sich aufgelöst hat. Die Creme abkühlen lassen, dabei alle paar Minuten umrühren. Nun die übrige Sahne schlagen und in kleinen Mengen unter die Frischkäsemischung rühren, bis die einzelnen Zutaten gut miteinander verbunden sind.
In die abgekühlte Creme die Frischkäsemasse rühren und in die Formen mit dem Bröselboden gießen. Die Törtchen mindestens 30–40 Minuten in den Kühlschrank stellen.
Für die Preiselbeergarnierung geben Sie zu gleichen Teilen Wasser und Preiselbeeren in einen Saucentopf, fügen Zucker hinzu und erhitzen das Ganze. Die Gelatineblätter in Wasser einweichen. Die Preiselbeeren zum Kochen bringen. Die Gelatine vorsichtig einrühren, bis sie sich vollständig aufgelöst hat. Abkühlen lassen.
Die Frischkäseschicht mit dem Preiselbeergelee bedecken und die Törtchen weitere 30 Minuten in den Kühlschrank stellen. Entfernen Sie die Formen und das Backpapier und genießen Sie Ihren Cheesecake!

4 Scheiben Roggenbrot (leicht altbacken)
50 g Butter
30 g Haselnüsse

Frischkäsefüllung:
300 g Doppelrahm-frischkäse (zimmerwarm)
10 TL Kristallzucker
1 Prise Vanillezucker
2 Blatt Gelatine
100 ml Schlagsahne (flüssig)
100 ml Schlagsahne (geschlagen)

Preiselbeer-garnierung:
100 ml Wasser
ca. 100 ml tiefgefrorene oder frische Preisel-beeren
4 TL Kristallzucker
2 Blatt Gelatine

ROGGENROULADE MIT ROSINENGELEE

Rezept von Ülle Kärner
Profikoch: Britt Paju

Entspricht 12 Portionen

Schlagen Sie für die Biskuitrolle die 6 Eier und 3 Eiweiß mit Zucker fest. Fügen Sie Roggenbrösel und Stärke hinzu. Bei 200 °C auf einem mit Backpapier ausgelegten Blech für 10 Minuten backen. Lassen Sie den Teig mit der Oberseite auf einem mit Bröseln bedeckten Backpapier abkühlen.
Für die Füllung weichen Sie die Rosinen im Likör ein und mixen sie mit einem Pürierstab.
Schmelzen Sie die weiße Schokolade im Wasserbad und nehmen Sie sie dann von der Hitze. Die 3 Eigelb hinzugeben und gründlich einrühren.
Schlagen Sie die Schlagsahne auf, rühren Sie sie unter die Schokolade-Ei-Masse. Stellen Sie die Creme für etwa 10 Minuten zum Rasten in den Kühlschrank.
Verteilen Sie die Rosinenmasse auf dem Biskuit, streichen Sie die Creme darüber und geben Sie die Preiselbeeren dazu. Rollen Sie den Biskuit ein und stellen Sie ihn in den Kühlschrank, damit der Teig die Aromen in sich aufnehmen kann.
Benutzen Sie die restliche Creme, um die Biskuitrolle vor dem Servieren damit zu bedecken, und fügen Sie weitere 100 g Preiselbeeren hinzu.
Wenn Sie wünschen, können Sie auch Puderzucker und getrocknete Kornblumen (die Blütenblätter) darüberstreuen.

Biskuitteig:
6 Eier + 3 Eiweiß
35 g Staubzucker
15 g Vanillezucker
100 g Roggenbrösel (Brotkrumen)
10 g Stärke
200 g Preiselbeeren

Rosinengelee:
150 g Rosinen
35 g Rumlikör (Vana Tallinn, falls erhältlich)

Cremefüllung:
200 g weiße Schokolade
3 Eigelb
300 ml Schlagsahne

KAMA-QUARK-SOUFFLÉS MIT ERDBEERSAUCE

Rezept von Jaan Tambet Stalde
Profikoch: Silja Luide

Entspricht 4 Portionen

Den Backofen auf 170 °C vorheizen.
Verwenden Sie Auflaufformen und buttern Sie sie gründlich.
Quark, Kama, Zucker und Vanilleextrakt gut verrühren. Schlagen Sie das Eiweiß steif. Heben Sie ein Viertel des geschlagenen Eiweißes unter die Quark-Kama-Masse und verrühren Sie es gut. Heben Sie den Rest des Eischnees vorsichtig unter und rühren Sie, bis der Teig glatt geworden ist. Füllen Sie die Masse mit einem Spritzbeutel in die vorbereiteten Auflaufformen; stellen Sie die Formen ca. 15 Minuten in den Backofen.
Pürieren Sie für die Erdbeersauce die Erdbeeren mit einem Stabmixer und passieren Sie sie durch ein Sieb. Mischen Sie den Staubzucker und den Cointreau oder einen Beerenlikör darunter. Servieren Sie die Soufflés mit der Erdbeersauce und frischen Erdbeeren.

Soufflés:
200 g Quark
15 g Kama-Mehlmischung (siehe S. 16)
30 g Kristallzucker
Vanilleextrakt
80 g Eiweiß

Erdbeersauce:
200 g Erdbeeren
1–2 EL Staubzucker (je nach Süße der Beeren)
1 EL Cointreau oder Beerenlikör

MOUSSE AU KAMA
MIT HASELNUSSBAISER UND MARINIERTEN ERDBEEREN

Autor und Profikoch: Silja Luide

Entspricht 6 Portionen

Hacken Sie die Nüsse fein und schlagen Sie das Eiweiß mit einer Prise Salz, bis sich Erhebungen bilden, wenn Sie den Rührbesen herausnehmen. Geben Sie nach und nach den Zucker hinzu, während Sie weiterrühren, bis das Eiweiß steif ist. Heben Sie die gehackten Nüsse mit einem Teigspatel vorsichtig unter.
Mit Hilfe eines Teelöffels oder eines Dressierbeutels verteilen Sie den geschlagenen Schaum in kleinen Klecksen auf einem mit Backpapier ausgelegten Backblech und backen Sie ihn 40–50 Minuten bei 140 °C. Nehmen Sie das Blech aus dem Ofen und lassen Sie die Baisers auf einem Rost abkühlen. Sie sollten außen knackig und in der Mitte leicht klebrig sein.
Entstielen und vierteln Sie die Erdbeeren und mischen Sie den Honig mit dem Likör. Lassen Sie diese Mischung mindestens 15 Minuten ziehen.
Schlagen Sie die Schlagsahne auf. In einer großen Rührschüssel vermengen Sie Quark, Kama und Honig. Geben Sie ein paar zerbröckelte Baisers und ein Drittel der Erdbeeren dazu und heben Sie sie langsam unter die Sahne. Teilen Sie die Mousse in Dessertschüsseln auf und geben Sie den Rest der Erdbeeren gemeinsam mit dem Saft darüber. Streuen Sie noch ein paar zerbröckelte Baisers darüber.

Haselnussbaiser:
50 g geschälte und geröstete Haselnüsse
3 Eiweiß
1 Prise Salz
150 g Puder- oder Staubzucker

Marinierte Erdbeeren:
500 g Erdbeeren (Sie können sie auch mit Heidelbeeren, Johannisbeeren oder Himbeeren mischen)
2 EL klarer Honig
2 EL Beerenlikör

Kama-Mousse:
200 ml Schlagsahne
600 g Quark
4 EL Kama-Mehlmischung (siehe S. 16)
4 EL klarer Honig
Minze- oder Melissenblätter zum Garnieren

KARAMELLISIERTE SANDDORN-FLAMMERI

Rezept von Monika Uibo
Profikoch: Heidi Vihma

Entspricht 6 Portionen

500 g Haferflocken
2 l Wasser
200 g Sanddornfrüchte
Kristallzucker

Legen Sie die Haferflocken in warmes Wasser und lassen Sie sie 24 Stunden bei Raumtemperatur stehen, damit sie sauer werden. Ist die Flüssigkeit sauer genug, tropfen Sie sie mit Hilfe eines Küchensiebs ab.
Der Säuerungsprozess ist schwer zu beschleunigen, er hängt von vielen Faktoren ab: Raumtemperatur, Jahreszeit, Beschaffenheit der Haferflocken usw. Unterschiedliche Hafersorten verhalten sich sehr unterschiedlich in diesem Prozess. Wenn Sie ein zufriedenstellendes Ergebnis erzielt haben, bleiben Sie künftig bei diesen Haferflocken.
Bringen Sie die Sanddornfrüchte in einem separaten Saucentopf zum Kochen und streichen Sie sie durch ein Sieb. Die dabei übrigbleibenden Schalen können Sie trocknen lassen und später zum Garnieren verwenden.
Vermischen Sie nun das Sanddornpüree und die saure Haferflüssigkeit und bringen Sie die Masse unter ständigem Rühren zum Kochen, bis Sie ein cremiges Ergebnis erhalten. Mit Zucker abschmecken. Der Zucker kann die Säure ausbalancieren: Ist die Haferflüssigkeit saurer als üblich, verwenden Sie mehr Zucker.
In Servierschalen füllen und zum Auskühlen in den Kühlschrank stellen. Vor dem Servieren mit Zucker bestreuen, lassen Sie ihn karamellisieren und garnieren Sie das Gericht mit Sanddornfrüchten oder getrockneten Sanddornschalen.

SCHNEEWITTCHEN

Rezept von Urve Tabri
Profikoch: Britt Paju

Entspricht 4 Portionen

Lösen Sie die Gelatine in heißem Wasser auf (ca. 50 ml). Verdünnen Sie 6 EL Preiselbeerkonfitüre in Wasser und fügen Sie den Likör hinzu (gesamt 200 ml Flüssigkeit). Falls Sie ein säuerliches Gelee verwenden, geben Sie eine Prise Zucker hinzu. Vermengen Sie die Flüssigkeiten mit der Gelatine; teilen Sie die Masse auf Dessertgläser auf und stellen Sie sie für gut 15 Minuten in den Tiefkühlschrank.
Schmelzen Sie gehackte Schokolade in einem Wasserbad und vermischen Sie sie mit dem Quark.
Stellen Sie die Brösel her, indem Sie das Brot reiben und die Nüsse hacken oder verwenden Sie eine Küchenmaschine, um die beiden Zutaten krümelig zu zerhacken. Zerlassen Sie die Butter in einer Bratpfanne und geben Sie die Brot- und Nussbrösel mit dem Kardamom hinzu. Rühren Sie das Ganze um, während Sie die Brösel knusprig braten. Mischen Sie den Zucker unter und verrühren Sie ihn in der heißen Pfanne. Abkühlen lassen.
Sobald das Preiselbeergelee ausreichend geliert ist, streichen Sie die Quarkmasse auf das Gelee und streuen Sie die karamellisierte Brot-Nuss-Mischung darüber. Garnieren Sie das Gericht mit frischen Beeren (Preiselbeeren) und Melissenblättern oder jungen Fichtenwipfeln.

5 g Gelatinepulver
6 EL Preiselbeerkonfitüre
1-2 EL Preiselbeerlikör
1 Prise Kristallzucker
100 g weiße Schokolade
300 g weicher Quark
1 Scheibe Roggenbrot
30 g Haselnüsse
1 EL Butter
0,5 TL gemahlener Kardamom
1 EL Kristallzucker
Preiselbeeren, Melissenblätter und Fichtenwipfel zum Dekorieren

ROGGEN-KAMA-PLÄTZCHEN
MIT ZICHORIENCAPPUCCINO

Rezept von Kristel Sibul
Profikoch: Britt Paju

Entspricht 6–8 Portionen

Roggen-Kama-Plätzchen:
3 EL Staubzucker +
1 EL zum Bestreuen
1 Prise Salz
50 g Butter
1 Eigelb
2 TL ungesüßtes Kakaopulver
50 g Roggen-Kama
50 g getrocknete Cranberrys
50 g Kama-Riegel (auch „Kama-Schokolade" genannt, über Internet beziehbar)

Rühren Sie mit einem Schneebesen Staubzucker und Salz unter die zerlassene Butter. Das Eigelb einrühren. Kakaopulver und Roggenkama beimengen und sorgfältig rühren, bis eine glatte Masse entsteht (Sie können zum Aufschlagen und Verrühren auch einen Handmixer verwenden).
Fügen Sie zuletzt die gehackten Cranberrys und den zerbröselten Kama-Riegel hinzu. Stellen Sie den Teig mindestens 15 Minuten in den Kühlschrank.

Heizen Sie den Ofen auf 180 °C vor. Formen Sie etwa 2 cm große Teigbällchen und legen Sie sie auf ein mit Backpapier ausgelegtes Backblech. 10–12 Minuten backen.
Nehmen Sie die Plätzchen aus dem Ofen und lassen Sie sie mindestens 5 Minuten auskühlen. Vor dem Servieren mit Staubzucker bestreuen.

Zichorienkaffee:
200 ml Halbfettmilch
6–8 große EL Zichorienpulver
600 ml heißes Wasser
Kakaopulver zum Verzieren

Erwärmen Sie die Milch und schlagen Sie sie auf. Geben Sie das Zichorienpulver in das heiße Wasser, rühren Sie es um und verteilen Sie es auf 6–8 Tassen. Gießen Sie die aufgeschäumte Milch darüber und bestreuen Sie das Getränk mit Hilfe eines Siebs mit Kakaopulver. Servieren Sie den Zichoriencappuccino gemeinsam mit den Plätzchen.

APFEL-QUARK-KUCHEN

Rezept von Jüri Randviir
Profikoch: Britt Paju

Entspricht 8 Portionen

Verrühren Sie den Quark mit dem Zucker; mischen Sie Ei, Salz, Öl, Vanillezucker und das mit dem Backpulver versehene Mehl darunter. Bedecken Sie den Teig mit einem Geschirrtuch und lassen Sie ihn 20 Minuten rasten.
Schälen Sie die Äpfel und schneiden Sie sie in Scheiben.
Halbieren Sie den Teig und rollen Sie einen Teil aus, bis er die Größe des Backblechs erreicht hat und ca. 5 mm dick ist. Vermengen Sie die Äpfel mit Zucker, Zimt und Mohn. Verteilen Sie die Hälfte der Füllung auf dem Teig, schlagen Sie die Teigränder über die Füllung und bestreichen Sie sie mit Milch. Wiederholen Sie den Vorgang für die zweite Teighälfte und den Rest der Füllung. Bei 180 °C ca. 25 Minuten backen. Bestreuen Sie den fertigen Kuchen mit Mohn und Hagelzucker.

Teig:
150 g Quark
75 g Kristallzucker
1 Ei
Salz
6 EL Speiseöl
Vanillezucker
250 g Mehl
2 TL Backpulver

Füllung:
ca. 450 g zum Backen geeignete Äpfel
100 g Kristallzucker
1 TL gemahlener Zimt
1 EL Mohn
Halbfettmilch zum Bestreichen
1 EL Mohn zum Bestreuen
Hagelzucker

HEIDELBEER-QUARK-KÜCHLEIN

Rezept von Janne Lass
Profikoch: Külli Värnik

Entspricht 10–12 Portionen

Für den Mürbeteig mischen Sie erst alle trockenen Zutaten, dann die gekühlten Butterwürfel. Kneten Sie die Bestandteile zu einer krümeligen Masse. Geben Sie ein geschlagenes Ei und das kalte Wasser hinzu und kneten Sie die Zutaten zu einem glatten Teig. In Frischhaltefolie wickeln und in den Kühlschrank stellen.
Um die Quarkfüllung zuzubereiten, mischen Sie die geschlagenen Eier und die trockenen Zutaten unter den Quark, bis eine glatte Masse entsteht.
Für die Heidelbeerfüllung bestreuen Sie die Heidelbeeren mit Stärke und geben braunen Zucker und die fein gehackten Pfefferminzblätter hinzu. Rühren Sie vorsichtig um, damit die Beeren unversehrt bleiben. Wenn Sie Tiefkühlbeeren verwenden, sollten Sie diese etwa 15 Minuten vor Verwendung bereitstellen.
Heizen Sie das Backrohr auf 200–210 °C vor. Nehmen Sie den Mürbeteig aus dem Kühlschrank und formen Sie ihn zu einer etwa 30 cm langen Wurst, die Sie dann in 10 bis 12 gleich große Stücke schneiden. Kneten Sie aus jedem Teil eine Kugel und rollen Sie sie auf einer bemehlten Oberfläche zu runden Teigböden mit einem Durchmesser von ca. 15 cm aus. Teilen Sie die Quarkfüllung auf die Mitte der Teigböden auf (1 gehäufter EL pro Stück). Verfahren Sie gleich mit den Heidelbeeren. Schlagen Sie die Teigränder vorsichtig über die Füllung und lassen Sie ein kleines Loch in der Mitte. Bestreichen Sie den Teig mit einem geschlagenen Ei und legen Sie die Küchlein auf ein Backblech. Backen Sie sie bei 200–210 °C 20–25 Minuten goldbraun.
Genießen Sie die Mürbteigküchlein mit kalter Milch oder, wenn sie abgekühlt sind, mit einer Tasse Kräutertee.

Teig:
400 g Mehl
4 EL Kristallzucker
1 Prise Salz
220 g Butter, gewürfelt
1 Ei + 1 Ei zum Bepinseln
2 EL kaltes Wasser

Quarkfüllung:
1 Ei
3 EL Grieß
1 TL Vanillezucker
5 EL Kristallzucker
400 g Quark (40 % F. i. T.)

Heidelbeerfüllung:
200 g Heidelbeeren
1 EL Mais- oder Kartoffelstärke
100 g brauner Zucker oder Muscovadozucker
2-3 Pfefferminzblätter

WUSSTEN SIE SCHON?

- Für die Esten ist es üblich, mehrmals täglich warm zu essen.
- Esten sind Sammler. Die Hälfte der Einwohner Estlands war schon mindestens einmal in ihrem Leben zum Pilzesammeln im Wald. 8–9 Millionen Liter Pilze werden während der Pilzsaison jedes Jahr gesammelt und vieles davon für den Winter konserviert. In Estland finden Sie etwa 400 essbare wilde Pilzarten.
- Auch wenn Estlands Gewässer sehr reich an verschiedensten Fischarten sind, ziehen die Esten doch ein Stück Fleisch am Abendbrottisch vor. Jeder Este isst ungefähr 13 Kilo Fisch und 80 Kilo Fleisch pro Jahr.
- Einer Legende zufolge war Tallinn (früher Reval) der erste Ort in Europa, an dem Marzipan produziert wurde. Zuvor eine Medizin, ist es nun ein süßer Genuss, der immer noch nach dem mittelalterlichen Rezept hergestellt wird.
- Für ein oder zwei Tage im Jahr öffnen die Esten die Türen ihres Zuhauses als Café. Hiiumaa, die zweitgrößte Insel Estlands, rief 2006 diese Tradition des Zusammenkommens für Hobbyköchinnen und -köche aus; inzwischen findet dies in fast jeder estnischen Stadt und natürlich überall in Tallinn statt.
- 2014 wurde das längste Sprottensandwich aller Zeiten auf unserem Rathausplatz (Raekoja plats) von Profiköchen zubereitet – es war 20 m lang und 30 cm breit!
- Die beliebtesten Spezialitäten, die Touristen aus Estland mit nach Hause nehmen, sind Roggenbrot, Sprotten, Quarkdesserts und Kalev-Schokolade. Estlands wahrscheinlich bekannteste Marke ist der Likör Vana Tallinn.

EINFACH UMGERECHNET

1 l	1000 ml
1 dl	100 ml
1 cl	10 ml
1 kg	1000 g
1 dag	10 g

2 EL	30 ml
1 EL	15 ml
1 TL	5 ml
1 EL	3 TL

Aus unserem Programm

ISBN 978-3-7020-1743-9

ISBN 978-3-7020-1668-5

ISBN 978-3-7020-1237-3

ISBN 978-3-7020-1611-1

Leopold Stocker Verlag
Graz – Stuttgart
www.stocker-verlag.com